광고로 배우는 **경영 통찰력**

이 도서의 국립중앙도서관 출판예정도서목록(CIP)은 서지정보유통지원시스템 홈페이지(http://seoji.nl.go.kr)와
국가자료공동목록시스템(http://www.nl.go.kr/kolisnet)에서 이용하실 수 있습니다.
CIP제어번호: CIP2019005076(양장), CIP2019005074(반양장)

성공한 광고에서 구하는 경영과 삶의 지혜

김병희 지음

광고로
배우는
경영 통찰력

한울

인생 경영에서 기업 경영까지

대학에서 경영학을 전공한 사람이 정말 경영을 잘할까? 삼성의 고(故) 이병철 회장, 현대의 고 정주영 회장, LG의 고 구인회 회장을 비롯한 여러 기업의 창업자들은 학교에서 경영의 '경' 자도 배우지 않았지만 경영의 작은 씨앗 한 알을 뿌려 오늘날 글로벌 기업으로 성장하는 초석을 놓았다. 대학에서 경영학을 공부한 사람이 경영을 정말 잘할 수도 있겠지만, 경영학과 출신인데도 기업 경영에 실패하는 경우 역시 많은 걸 보면 반드시 그렇지만은 않은 것 같다.

지금까지 나온 두꺼운 경영학 개론서들을 보면 천편일률적으로 기업은 비용 대비 효율을 추구해야 한다고 강조한다. 맞는 말이다. 당연히 기업 경영에서는 효율과 생산성을 추구해야 한다.

그런데 효율과 생산성만 추구한다고 해서 저절로 경영에 성공하는 것일까? 그렇게 하는 과정에서 놓치는 것은 없을까? 이러한 문제의식이 이 책을 집필하는 출발점이 되었다. 이 책에서는 경영학 개론서에서 가르쳐주지 않은 경영의 맥을 짚어보았다. 그것도 광고를 통해 배우며 알아보자고 제안했다.

1장 '경영에도 품격을 갖추자'에서는 경영에도 품격이 있어야 한다는 사실을 환기했다. 인간의 마음속에는 언제나 부패할 가능성이 있으니 마음속도 양치질해야 하고, 바람까지 막아주는 직장 상사가 없는 안타까운 현실을 지적했다. 갑질만 하지 말고 '갑의 질'을 높이자고 제안했으며, 선정적인 광고만을 찾는 일부 경영자들을 향해 인식의 전환을 촉구했다. 유리 천장을 깨려면 먼저 성적 차별에 대한 자각이 필요하다고 했고, 형식적인 감사의 인사보다는 진정한 마음을 담아 감사하는 마음을 전해야 한다고 주장했다.

2장 '판단력이 성패를 가른다'에서는 경영 일선에 선 경영자의 판단에 따라 많은 것이 달라지는 냉엄한 현실을 강조했다. 돈 안 드는 아이디어만 좋아하다가는 크게 성공할 수 없고, 진짜 뉴스와 가짜 뉴스를 가려보는 혜안이 필요하다고 설명했다. 새롭다고 해서 다 좋은 것만은 아니며, 카산드라 증후군을 설명하면서 속도 조절의 교훈을 배우기를 권고했다. 결국에는 부드러운 카리스마가 이길 수밖에 없으며, 변화가 필요하기는 하지만 필수는 아니며 변화가 필요하지 않은 경우도 있다는 점을 설명했다.

3장 '진심 어린 소통이 답이다'에서는 사람과 사람 간의 소통에서 진정성의 중요함을 역설했다. 누구든 언제 어디서나 통할 수 있는 '연락 버튼' 하나씩을 가져야 하며, 어떤 순간에도 예의를 갖춘 이별의 의식이 소중하다고 설명했다. 오랜만에 만나서도 스마트폰만 만지작거리는 퍼빙(phubbing)을 중지함으로써 관계 회복의 길을 찾아야 하고, 우리 모두가 카페인(카카오스토리, 페이스북, 인스타그램) 우울증에서 벗어나자고 촉구했다. 더는 미루지 말고 바로 지금 소중한 이에게 손 편지를 보내자고 했으며, 자기 주변에 있는 한 사람, 한 사람이 너무나 소중한 존재라는 사실을 강조했다.

4장 '경영과 문화·예술의 만남'에서는 문화·예술 마케팅의 맥락을 개략적으로 소개하면서 경영과 문화·예술의 접점을 찾자고 주장했다. 예술 주입의 마케팅 효과를 기대해야 하며, 문화·예술에서 생산성과 품질의 긴장 관계를 놓치면 곤란하다고 강조했다.

마케팅에서 종교적인 문화 다양성을 무시하면 위기에 봉착한다고 했으며, 일본의 시니세(老舗)에서 배우는 오래된 사랑을 톺아보았다. 번역을 할 때나 인간관계를 맺을 때 출발어와 도착어의 차이를 설명했고, 스마트워크를 실현해 '저녁이 있는 삶'을 되찾기를 권고했다.

5장 '공공의 가치도 중요하다'에서는 공공성의 가치를 환기하며 기업 경영자들이 주변 사람에 대해 더 많은 관심을 나타내기를 촉구했다. 누구나 '단 하나의 나'를 말해주는 고유의 정체성을 길러야 하고, 가족 같은 회사나 가정 같은 도시를 만드는 노력이 시급한 당면 과제라고 했다. 노년의 외로움을 외면하지 말아야 하며, 공공 캠페인을 수행할 때 사회적인 의제를 설정해야 한다고 역설했다.

끝으로 책의 말미에 2018년 칸 라이언즈 국제 창의성 축제를 둘러본 내용을 소개했다. 특히 인공지능의 시대가 와도 광고 창작자들은 창의성을 기르는 것이 최우선 과제라는 데 주목했다.

광고를 정의할 때 상품 판매의 수단이라거나 자본주의의 꽃이라고 설명하는 것은 이제 너무 낡았다. 오늘날 광고는 자본주의의 모든 것이 담겨 있는 교과서다. 눈만 뜨면 언제 어디서나 만날 수 있고 눈을 감아도 들려오는 것이 소비사회의 광고다. 현대 인들은 광고에서 시대의 흐름을 읽고 광고를 통해 서로의 코드를 확인한다. 이 밖에도 광고 활동은 브랜드 자산을 구축하기 위해 문학, 영화, 음악, 미술, 경영, 경제, 철학 등 다양한 학문 영역을 포함하고 있으며 동시에 동서양이라는 지리적인 거리까지 넘나 들고 있다.

이 책을 통해 광고에서 경영 통찰력을 배우자고 시종일관 권 고했다. 여기에서 경영이란 인생 경영에서 기업 경영까지 모두 아우르는 매우 포괄적인 개념이다. 손에 책을 잡고 펼치는 대로 읽다 보면 서서히 경영에 눈을 떠가는 자신을 발견할 수 있으리라. 책의 꼴을 멋지게 완성해주신 한울엠플러스(주)의 편집부 관계자들에게 감사드린다. 인생 경영에서 시작해 기업 경영에 이르기까지, 독자 여러분께서 광고를 단지 광고로만 보지 않고 경영의 통찰력을 발견하는 교과서로 활용한다면 저자로서 이보다 더 큰 기쁨은 없을 것이다.

2019년 2월

김병희

차례

경영에도
품격을
갖추자

Business Insights Learned through Advertising

□1 이만 닦지 말고 마음속도 양치질하자

단속사회, 피로사회, 조작사회, 풍요사회, 위험사회, 전투사회, 해체사회, 낭비사회, 폐기사회, 분열사회······.

한국 사회의 '지금'과 '여기'를 진단 내리고 있는 학계의 용어들이다. 하지만 이렇게 제시한 10개의 용어만으로는 우리 사회가 처한 위기 상황을 설명하는 데 한계가 있다. 2010년대에 들어서도 우리나라는 세월호 침몰 사고와 가습기 살균제 사고에 이어 최순실 게이트에 이르기까지 계속해서 비슷한 위기가 반복되는 중이다. 한 위험이 사라지기도 전에 다른 위험이 나타나는 계속되는 일련의 사건·사고 속에서 한국인들은 '위험 트라우마'에 감염되었다고 해도 과언이 아니다. 끊이지 않는 재해 탓에 대한민국은 리스크 공화국이라고 불러도 전혀 이상하지 않을 불안한 상

황에 직면하고 있다.[1]

동시에 한국 사회는 성공 지상주의에 지나치게 깊이 빠져 있다. 성공하고 말겠다는 이상이 한국인들을 극도로 피로하게 만든다. "존재하려면 그게 무엇이든 할 수 있어야 한다"라는 명제가 모든 사람의 마음속에 지상 과제로 자리 잡는다면 우리 사회는 재독 철학자 한병철의 말대로 우울증 환자와 낙오자만 양산하게 될 것이다.[2]

이 밖에도 '부패사회'라는 말을 11번째 용어로 추가해야 할 것 같다. 최근 우리 사회의 부끄러운 자화상이 다시 한번 노출되었다. 감사원이 여러 공공기관을 감사한 결과 100여 건의 채용 비리를 적발했으며 검찰에서 관련 수사를 진행하는 중이라고 밝힌 것이다. 그중에서도 강원랜드 사례는 가히 채용 비리의 압권이자 부패사회의 결정판이었다. 2012년과 2013년에 선발된 신입사원이 518명이었는데 이들 모두가 부정 청탁 등 부적절한 방법으로 입사했다고 한다. 입이 다물어지지 않는다.

민영기업이든 공기업이든 경영자들은 직원들에게 생산성 증대와 아울러 청렴한 업무 처리를 주문하는 경우가 많다. 하지만 그렇게 요구하는 경영자 자신은 청렴하기는커녕 부패의 온상이

되어 회사에 치명적인 손실을 안기기도 한다. "하인은 꼭 주인만큼만 정직하다(A servant is only as honest as his master)"라는 서양 속담이 괜히 나왔을 리 없다. 독일에 소재한 국제 반부패운동 시민단체인 국제투명성기구(TI: Transparency International)가 발표한 자료를 보면, 2017년 국가별 부패인식지수(CPI: Corruption Perceptions Index)에서 한국은 100점 만점에 54점으로 조사 대상 180개국 가운데 51위를, 2016년의 같은 조사에서는 100점 만점에 53점으로 176개국 가운데 52위를 차지했다. 2015년 한국의 순위가 43위였던 것을 고려하면 근래 2년 동안 상당히 많이 밀려난 모양새다.[3] 나라든, 기업이든, 인체든 조직 내부에 세균이 들어와 살게 되면 어떤 일이 일어나는지 중국에서 집행된 치약 광고를 통해 확인해 보자.

중국 상하이자화(上海家化)는 메이자징(美加净, Maxam) 치약 광고 '로마' 편(2012)과 '이집트 문명' 편(2012)을 통해 치아에 세균들의 건축물이 세워지는 이미지를 생생하게 보여주었다. 우리 입 속에 상주하는 세균(박테리아)이 잠시도 쉬지 않고 활동하면서, 로마의 콜로세움과 같은 건축물을 세우거나 이집트 파라미드 안의 왕과 왕비의 묘실을 만드는 공사를 하며 자신들만의 문명을 건설

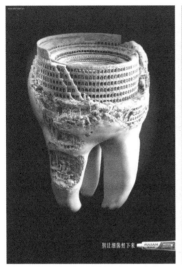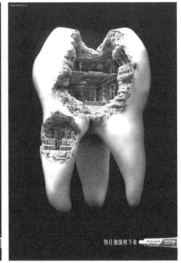

메이자징 치약 '로마' 편(왼쪽)과 '이집트 문명' 편(오른쪽)

하고 있다는 메시지를 전달했다. 지금 이 순간에도 세균이 당신의 이에 붙어 건축 공사를 하고 있다고 생각하면 끔찍해질 것이다. 세균의 활동으로 충치가 생기는 모습을 이처럼 생생하게 묘사한 광고는 일찍이 없었다. 헤드라인으로 쓴 "세균이 서식하지 않게 하세요(別让细菌蛀下来)" 같은 권고가 사족으로 보일 만큼 그야말로 말이 필요 없는 광고다.

　광고회사 제이월터톰슨상하이(JWT上海)의 창작자들은 이 광고의 중국어 헤드라인을 영어로 "Don't let germs settle down"이라고 번역해, 2012년 칸 라이언즈 국제 창의성 축제(Cannes Lions International Festival of Creativity, 이전의 칸 국제 광고제)에서 금상을 수상했다. 입속에 상주하는 세균을 즉시 없애지 않으면 오래도록 서식하면서 자신들만의 찬란한 문명을 건설해간다는 시각적인 비유가 국제적으로 인정받은 결과였다. 로마의 장대한 콜로세움과 이집트 파라미드 내부의 정교한 방 모양은 7개월 동안의 3D 작업을 거쳐 완성했다고 한다. 세균의 노동으로 건설된 로마와 이집트 문명을 세밀함이 살아 있는 시각적인 표현으로 완성함으로써, 충치가 생기는 과정을 충분하게 보여주었다. 이 광고가 집행된 후에 메이자징 치약에 대한 브랜드 호감도는 41퍼센트 상승했고, 조사에 응답한 소비자의 72퍼센트가 구매 의사를 밝혔으며, 월 판매 수익이 56퍼센트나 증가하는 등 놀라운 성과로 이어졌다.

1898년 홍콩에서 화학제품 회사로 출발한 상하이자화는 오늘날 중국 최대의 화장품 기업으로 군림하고 있다. 2001년에 주식시장에 상장되었고, 2011년에는 국영기업에서 민영기업으로 전환했으며, 2012년에는 일본을 대표하는 화장품 회사인 가오(花王, かおう)의 독점 대리권을 확보했다. 상하이자화는 주로 생활용

품, 화장품, 가정용 홈케어 제품 등을 판매하며, 코티(Coty)나 아디다스(Adidas) 같은 수입 제품도 취급하고 있다.[4] 상하이자화가 보유한 산하 브랜드로는 리우선(六神), 메이자징, 자안(家安), 바이차오지(佰草集), 칭페이(淸妃), 가오푸(高夫), 커커(珂珂), 솽메이(双妹) 등이 있다. 물론 이 회사에서 생산하는 메이자징 치약은 중국에서 가장 유명한 치약 브랜드다.

치아가 좋을수록 수명이 늘어난다는 속설이 있다. 사회조사를 실시할 때면 성, 연령, 직업과 같은 인구 통계적인 특성을 반드시 묻게 된다. 여기에서 연령(年齡)의 나이 '영(齡)'은 이 '치(齒)' 변에 명령할 '영(令)'을 더한 것이니, '이의 명령이 곧 연령(수명)'이라는 뜻이 되겠다. 문자 하나에도 깊은 뜻을 담은 선인들의 지혜가 느껴진다. 그래서인지 소 장수들은 소를 사고팔 때 소의 입을 벌려 이의 상태를 확인해 소의 나이와 건강을 가늠한다고 한다. 이렇게 보면 치아 상태와 수명의 상관관계가 단순한 속설만은 아닌 모양이다.

치아 관리를 잘해서 오래오래 잘 살면 좋겠지만 그것만이 능사는 아닐 터이다. 이를 썩게 만드는 세균이 비단 이에만 서식하는 것은 아니기 때문이다. 탐욕 앞에서 쉽게 뜨거워지는 우리 마음속에는 부패의 박테리아가 더 빨리 자랄 수 있다. 나랏일을 하면서 국민의 세금을 훔치거나 기업을 경영하면서 회삿돈을 빼돌리는 소드락질이 도처에 만연해 있으니, 부패의 세균이 증식을 넘어 가히 창궐하는 수준이라고 하겠다.

이제 공기업이나 민간 기업의 경영자들은 부하 직원들에게 청렴하게 처신하라며 말로 요구하기에 앞서 먼저 자신들부터 부패와의 단절을 다짐해야 한다. 치약 광고의 카피를 패러디해 "부패의 세균이 서식하지 못하게 하세요(別让腐败的细菌蛀下来)"라며, 하루에 한 번씩 기도하는 모범을 보이는 것도 어떨까 싶다. 싱가포르의 국부로 존경받는 리콴유(李光耀) 전 총리는 부패 방지는 선택이 아니라 국가 생존의 문제라고 지적하며, 오죽했으면 "지배층의 영혼을 정화하라"고 강조했을까 싶다. 우리 일상생활에서도 부패의 박테리아가 마음속에 서식하지 못하도록 스스로를 다잡아야 한다.

사실 누구의 입속에나 세균은 존재하기 마련이니 충치가 생길 가능성 역시 누구에게나 있다. 충치란 세균이 만드는 산성(酸性) 물질이 치아 표면을 부식시켜 나타나는 현상이므로, 식사를 마친 후에 꼬박꼬박 양치질을 빠뜨리지 않는다면 이가 썩지 않도록 할 수 있다. 모든 이의 입속에 세균이 서식하듯, 인간의 마음 속에는 누구나 부패의 가능성을 내포하고 있다. 따라서 유혹이 일어날 때마다 부패를 떨쳐내기 위해 마음속도 양치질하는 노력 이 시급한 때다.

02 바람 막아줄 직장 상사 어디 없어요?

직장 생활의 애환을 담은 드라마 〈미생〉(tvN, 2014)이나 〈자체
발광 오피스〉(MBC, 2017)와 같은 방송 프로그램을 누구나 한두 번
은 보았을 터이다. 이 프로그램들이 인기를 모았던 데는 정말 진
상 짓을 하는 직장 상사가 감초처럼 등장한 것도 한몫을 했다. 직
장에는 여러 유형의 상사가 있다. 팀원의 아이디어를 가로채는
사례는 너무 많아 그냥 넘어가기로 하자. 사장님에게 칭찬받을
만한 일은 자신이 결재를 받으러 가고, 깨질 만한 일은 아랫사람
을 시켜 결재를 받아오라고 시키는 상사, 온종일 빈둥빈둥 시간
을 보내다가 꼭 퇴근하기 한두 시간 전에 업무를 지시하고 슬쩍
자리를 뜨는 상사, 위의 지시니까 자신도 어쩔 수 없다며 노상 윗
분 핑계만 대는 상사, 자신의 상사로부터 팀 전체가 깨지는 자리

에서 팀원에게 왜 일을 그따위로 했느냐며 책임을 전가하며 한술 더 뜨는 상사 등등. 이런 상사들은 다 사라지고 확실한 바람막이가 되어주는 상사만 남는다면 얼마나 좋을까? 지포 광고를 보며 바람막이가 되어주는 그런 상사를 기대해보자.

지포라이터 '메릴린 먼로' 편

지포(Zippo)의 방풍 라이터 광고 '메릴린 먼로' 편(1960)에서는 방풍(防風) 효과를 강조하고 있다. 세찬 겨울바람 속에서 행여 불이 꺼질까 싶어 외투 깃으로 라이터를 가리며 담뱃불을 붙여본 분들은 알리라. 라이터 불을 붙일 때 방풍이 얼마나 중요한지 말이다. 광고를 보면 지하철 송풍구의 바람에 날려 올라가는 치마를 먼로(Marilyn Monroe)가 손으로 누르는 장면을 그린 삽화가 지면을 압도한다. 영화 〈7년 만의 외출(The Seven Year Itch)〉(1955)의 명장면으로 꼽히는 순간을 광고에 그대로 차용한 것이다. 이 장면 하나로 먼로가 세계 최고의 섹스

심벌로 자리매김했다는 사실은 모두가 아는 일이다.

"방풍(WINDPROOF)"이라는 간명한 헤드라인 아래, 지포라이터가 바람을 잘 막아준다는 소비자 혜택을 상세한 보디카피로 설명하고 있다. 지면 왼쪽에 라이터 다섯 개를 마치 불이 타올라 가듯 세로로 배치한 디자이너의 감각도 일품이다. 광고 창작자들은 대중에게 해당 영화의 장면이 잘 알려져 있다는 점을 광고의 소재로 활용했다. 만약 그냥 먼로만 등장했다면 보통 수준의 광고에 머물렀을 것이다. 하지만 스카프가 수평으로 날릴 정도로 거센 바람에 치마가 휘날리는 것을 막으려고 모델이 손으로 치마를 누르면서까지 담뱃불을 붙인다면, 방풍 라이터의 장점을 보여주는 데 부족함이 없는 표현으로 승화된다. 이 밖에도 지포라이터의 명광고는 셀 수 없이 많다.

"비바람 속에서 구조 요청을 할 때도 지포라이터의 불꽃은 꺼지지 않았다."

"추락한 비행기에서 발견되었는데도 여전히 작동했다."

"5억 개의 라이터 중 수리받은 제품은 800만 개에 불과하다."

지포라이터는 1932년에 미국 펜실베이니아주 브래드퍼드라는 작은 도시의 한 창고에서 조지 블레이스델(George G. Blaisdell)이 처음 만들어 오늘날까지 이르고 있다. 지포는 제2차 세계대전과 베트남전쟁 때 미군 병사들에게 라이터를 공급하며 급성장했다. 제2차 세계대전을 취재한 종군기자 어니 파일(Ernie Pyle)은 지포라이터를 갖고 싶어 하는 장병들의 마음을 '지포 증후군'으로 묘사했다. 그뿐이겠는가. 1965년 베트남전쟁이 한창이던 시절, 미 육군의 어느 중사가 전투를 치르다가 총에 가슴을 맞고 쓰러졌는데 마침 군복 윗주머니에 있던 지포라이터에 총알이 박힌 덕분에 목숨을 구했다는 일화는 너무나도 유명하다.[5]

한국전쟁에 참전한 미군을 통해 우리나라에도 지포가 소개되면서 중·장년층 애연가들의 사랑을 널리 받아왔다. 지포라이터는 흡연자의 수가 급격히 줄어드는 요즘도 세계 160개국에서 판매되는 등 미국 문화를 상징하는 아이콘 중의 하나가 되었다. '미국의 아이콘'으로 자리 잡은 지포 브랜드는 이제 단순한 생활용품을 넘어 미국을 상징하는 소비문화 상품이 되었다. 여성에 비해 액세서리로 쓸 만한 것이 많지 않은 남성들은 라이터에 집착하는 경우가 많다. 뚜껑을 열 때 '딱~' 하는 독특한 소리가 나는 사각형의 지포라이터가 주는 매력 덕택에 사람들은 일회용 라이터로 담뱃불을 붙일 때와 바람이 불어도 꺼지지 않는 지포라이터로 붙일 때, 담배를 빠는 그 맛을 다르게 느끼는지도 모른다.

지포의 방풍 라이터처럼 바람막이를 해주는 상사가 될 수는 없을까? 잘된 성과는 아랫사람의 공으로 돌리고 문제가 생기면 확실히 책임져주는 관리자 말이다. 경영학의 세부 영역으로 인사관리 분야가 있다. 사람을 관리하겠다는 의도가 강한 만큼 스마트 시대의 경영 환경에 비춰보면 인사관리란 버려야 할 표현이다. 인적자원을 개발하는 데 보다 중점을 두어야 한다는 뜻에서 인사관리 대신 인적자원관리(Human Resource Management)로 바꿔 불러야 마땅하다. 겨울날에는 세찬 바람을 막아주고 여름날에는 큰 나무가 만드는 시원한 그늘 같은, 닮고 싶은 롤 모델의 꿈을 아랫사람에게 심어주는 상사야말로 진정으로 인적자원 운용의 달인이라 할 수 있겠다.

상사에게 엄청 깨지고 사무실에서 빠져나와 지금 막 담뱃불을 붙이는 분도 계시리라. 담뱃불을 붙이며 목구멍이 포도청인지 아닌지를 생각하거나, 아니면 잠시나마 시인의 마음으로 자기만의 다른 꿈을 꿀 수도 있겠다. 프랑스 사상가 가스통 바슐라르

(Gaston Bachelard)는 『불의 정신분석(La psychanalyse du feu)』(1938)에서 "나는 꿈꾼다, 고로 존재한다"라고 했다.[6] 과학적 이성보다 시적 상상력에 주목하는 것이 '불의 정신'이라는 뜻이다. 라이터를 켜는 순간, 사람들은 어쩌면 자신의 꿈에 불을 붙이는 것은 아닐까. 회사 경영이든 집안 경영이든 경영을 제대로 하고 싶다면, 인사관리만 하려고 들지 말고 인적자원의 꿈에 점화(點火)하시기 바란다.

03 갑질만 하지 말고 '갑의 질'을 높이자

"이 쓰레기 ××야"(이○○ △△산업 부회장).

"내가 인간 조련사다"(김○○ △△식품 전 명예회장).

"이 ××야, 내가 아직 있는데 문은 왜 잠그냐?"(정○○ △△그룹 전 회장).

"이 ××, 병신 ××. 이런 것도 안 챙기냐? ×신아"(정○○ △△스틸 사장).

"××같은 ××, 애비가 뭐하는 놈인데 (……) 너네 부모가 불쌍하다. ××야"(이○○ △△제약 회장).

최근 언론에 소개된 재계 최고 경영자들의 갑질 어록이다. 거기에 비하면 영화 〈베테랑〉(2015)에서 역대급 갑질 캐릭터인 재벌 3세 조태오로 열연한 유아인이 화물차 기사 배철웅으로 분한 정웅인을 향해 내뱉은 "어이가 없네"는 양반이다. 그뿐이겠는가. 각종 거래에서 수도 없이 갑을 관계가 발생하며, 부끄럽지만 명색이 지성인이라는 교수들마저 갑질을 부린다. 갑질이라는 표현은 이미 국어사전에서도 확인할 수 있다. 국립국어원에서 운영하는 우리말샘을 보면 '상대적으로 우위에 있는 자가 상대방에게 오만무례하게 행동하거나 이래라저래라 하며 제멋대로 구는 짓'이라 풀이하고 있다.

갑질 문제가 얼마나 심각했으면 공정거래위원회까지 나서 기업의 갑질을 차단하려는 노력을 강화할까 싶다. 2017년 6월에 공정거래위원회는 대형 유통 업체나 프랜차이즈 업체가 계약 갱신을 거절하려면 그에 해당하는 기준을 홈페이지나 별도의 서면을 통해 납품 업체에 통지하도록 조치했다. 표준거래계약서를 마련하고, 갑질을 하는 업체에 부과하는 과징금도 두 배로 올렸다. 표시 광고, 방문판매, 전자 상거래 같은 소비자 보호 측면에서도 제재 수준을 강화했다.

갑질은 결국 인권침해로 이어진다. 상대를 사람으로 여기고 상대의 인권을 조금이라도 의식한다면 갑질은 일어나기 어렵다.

사람의 소중함을 알리기 위해 자신들의 이름을 '인권 먼저'라고 강조한 한 시민 단체의 광고를 한 편 보자.

미국의 비영리 인권 단체 인권퍼스트(Human Rights First)의 인터넷 광고 '증언' 편(2008)에서는 자신들이 인권 단체에서 일하는 이유를 설명함으로써 인권의 중요성이 저절로 드러나도록 했다.[7] 이 광고에서는 "…… 때문에 인권퍼스트에서 일하는 것을 좋아한다"라는 미완성의 문장을 여러 사람에게 제시하고 빈칸에 각자의 생각을 써 넣어 문장을 완성하는 형식을 갖추고 있다. 아홉 명의 직원은 인권퍼스트에서 일하는 이유를 자신의 필체로 다음과 같이 썼다.

"삶을 변화시키는 놀라운 사람들과 일하기 때문에……."

"우리의 행동이 우리의 말과 일치하기 때문에……."

"우리가 생활에 영향을 미치기 때문에……."

"모두가 자유를 누릴 자격이 있기 때문에……."

"우리가 변화를 줘야 하기 때문에……."

"사람들의 삶의 변화를 돕기 때문에……."

"우리는 확실한 영향을 미치기 때문에……."

인권퍼스트 '증언' 편

"환상적인 동료들이 있기 때문에⋯⋯."

"우리는 인간의 존엄성을 믿기 때문에⋯⋯."

이 광고는 인권퍼스트의 인지도를 이전보다 31퍼센트나 높이며 세계 유수의 비영리 인권 단체로 부각시키는 데 결정적으로 기여했다. 인권의 중요성을 구구절절 설명하는 대신에 직원들이 일하는 이유와 보람을 소개함으로써, 인권이 먼저라는 점을 사람들이 우회적으로 느끼게 한 것이 주효했다. 1978년에 설립된 인권퍼스트는 미국 뉴욕에 본부를 두고 워싱턴, 휴스턴, 로스앤젤레스, 텍사스 등지에서 활동하고 있다. 언론에 인권보호변호사위원회(Lawyers Committee for Human Rights)라는 이름으로 소개되기도 하지만, 인권퍼스트가 정식 명칭이다. 직원을 뽑을 때도 인종, 피부색, 신념, 종교, 나이, 성별, 성적 취향, 애정 취향, 성 정체성, 결혼 상태, 출신 국가, 시민권 지위, 장애 등을 이유로 차별하지 않는 것으로 유명하다. "미국의 이상, 보편적 가치(American ideals, universal values)"라는 슬로건에 걸맞게, 인권퍼스트는 인간의 존엄성과 자유를 지키는 선구자의 역할을 수행해왔고, 이 순간에도 미국을 넘어 전 세계의 인권 문제에 관여하고 있다.

사람은 누구나 갑질을 할 가능성이 있다. 완장을 차고 나면 그 전과 완전히 달라지는 사람들이 많다. 1971년에 미국 스탠퍼드 대학교 심리학과의 필립 짐바르도(Philip Zimbardo) 교수가 실시한 '감옥 실험'은 인간이 쉽게 갑질을 범할 수 있다는 시사점을 제시했다. 대학생 24명을 선발해 죄수와 교도관으로 역할을 무작위로 나눈 후에 건물 지하의 가짜 감옥에서 지내게 하자 이들은 빠르게 자기 역할에 적응했다. 놀랍게도 교도관 역할을 맡은 학생들이 권위적으로 행동하기 시작했고, 죄수 역할을 하는 학생들에게 갑질이라 할 만한 가혹 행위도 저질렀다. 결국 실험은 예정된 14일을 채우지 못하고 6일 만에 중단되었다. 이런 현상은 2002년에 영국에서 실시한 'BBC 감옥 실험'에서도 나타났다.[8] 마케팅 전문가 안혜령은 『I am a Marketer』(2015)에서 "나는 갑의 성향인가, 을의 성향인가"를 진지하게 따져보기를 권고했다. 저자는 "을의 침묵은 갑의 통찰력에 대한 경외심이 아니라 돈을 지불하는 자에 대한 겸양에 불과하다"라고 꼬집으면서, 을은 일에 대한 안목을 지닌 갑을 만나기를 원하며 갑질도 제대로 된 일처리가 전제되어야 그나마 의미 있다고 강조했다.[9]

평소 갑질을 일삼다가 여론의 지탄이 시작되면 한발 빠르게 사죄의 자리를 마련하는 게 마치 당연한 위기관리 수순이 된 느낌이다. 그런 자리에는 따끔한 질책과 비판을 겸허히 수용하며 자숙의 시간을 갖겠노라는 천편일률적인 사과문이 함께한다. 그러면 잘못이 모두 면책되는 것일까? 사과는 아주 쉽게 늘어놓지만 갑질을 근절하기란 요원한 것 같다. 한국 사회가 그만큼 건강하지 못하다는 증거일 터이다. 시장점유율을 높이는 데만 신경 쓰느라고 인권은 가벼이 해온 경영자들이여! 이제는 시장점유율보다 마음점유율(mind share)을 높일 단계다. 인간에 대한 진심 어린 배려가 마음점유율을 높인다. 현실적으로 갑을 관계를 깨기 어렵다면, 갑질만 하지 말고 갑(甲)의 질(質)을 높이는 게 어떨까. 그것만이, 존경받는 갑이 되는 지름길이다.

□ㄴ 선정적인 광고만 찾는 경영자들이여

인터넷 창을 열고 아무 언론사 사이트에 한번 들어가 보자. 낯 뜨겁고 선정적인 광고가 덕지덕지 붙어 있지는 않은가. 이런 광고 탓에 우리나라 인터넷 언론 환경이 요즘 많이 망가지고 있다. 주요 포털을 경유해서 뉴스가 소비되기 때문에 각종 인터넷 신문 사들은 어떻게든 수용자의 관심을 끌어 자사로의 트래픽(traffic, 유입량)을 높이겠다는 계산을 하고 있다. 이 과정에서 선정적인 광고까지 유치하며 수입을 높이는데, 그런 광고를 봐야만 하는 뉴스 수용자로서는 불만이 쌓일 수밖에 없다. 결국 인터넷 신문의 신뢰도는 추락하고 이는 다시 트래픽의 감소로 이어져 언론사 경영이 어려워지는 악순환이 반복되는 형국이다. 선정적인 광고를 내보내는 매체사에 일차 책임이 있지만, 그런 광고에 비용을 대는 경영자의 판단에도 심각한 문제가 있다.

성적 의미를 내포하는 선정성(煽情性)은 광고나 방송은 물론이고 여러 콘텐츠 분야에서 광범위하게 적용되는 포괄적인 개념이다. 이용자 수를 늘리기 위해 사건, 사고, 폭력, 스캔들, 부정부패, 사회문제, 성적 내용을 노골적으로 묘사하는 선정성은 인간의 본능을 자극한다. 꼭 필요하지 않은데도 야한 사진이나 동영상을 넣어야만 직성이 풀리는 것일까? 꼭 그런 방법밖에 없는 것일까? 성적 소구는 광고학 교과서에 등장할 정도로 보편적인 표현 기법인 것은 분명하다. 하지만 그렇다고 해서 광고를 노골적으로 야하게 만들 필요는 없다. 노골적인 표현이 충분히 허용될 만한 속옷 광고에서 선정성을 자제함으로써 오히려 주목을 끈 사례도 있다. 원더브라(Wonderbra) 광고에서 성적 소구의 바람직한 방향을 모색해보자.

사라리(Sara Lee)의 원더브라 광고 '뉴턴' 편(1994)은 기발하다. 영국에서 집행된 이 광고의 비주얼은 체코 출신의 모델이자 배우인 에바 헤르지고바(Eva Herzigová)가 검정색 브래지어 차림으로 정면을 응시하는 모습이 전부다. 이 광고가 야한가? 사진 바로 밑에는 "뉴턴은 틀렸다(NEWTON WAS WRONG)"라는 헤드라인을 썼다. 뉴턴이 틀렸다니? 이런 생각을 하는 순간 무릎을 탁 치게 만든다. 사과나무에서 사과가 떨어지는 순간에 뉴턴이 만유인력(萬有引力) 법칙을 발견했다는 일화는 초등학생도 아는 사실이다. 질량을 가진 물체 사이에는 서로를 끌어당기는 힘이 있다. 그리고 지구의 중력 때문에 지구상의 모든 사물은 아래로 떨어지는 성질이 있는데, 원더브라는 가슴을 받쳐 올려주니 뉴턴이 틀렸다는 이야

NEWTON WAS WRONG.

원더브라 '뉴턴' 편(위)과 '저기요' 편(아래)

기다. 뉴턴의 만유인력 법칙을 정반대로 이용해 브래지어의 '푸시업(push-up)' 기능을 강조한 셈이다. 툭하면 하나같이, 가슴을 모아주고 올려준다고만 하는 우리나라의 브래지어 광고와는 차원이 다르다.

이 광고는 1994년 영국에서 전개된 원더브라 캠페인 시리즈 중의 하나로 선을 보였다. '저기요(HELLO BOYS)' 편(1994)이나 '아빠의 끔찍한 악몽(YOUR DAD'S WORST NIGHTMARE)' 편(1994)이 '뉴턴' 편과 함께 선보였다. 광고가 나가자 영국 여성들은 열광했다. 광고에 담긴 격조 있고 처지지 않는 '꿈의 가슴'을 만들어줄 것 같은 기대감 덕분이었다. 영국 여성의 70퍼센트가 원더브라를 입어보았다는 조사 결과가 나올 정도였다. 이 광고의 성공 요인은 기존의 브래지어 광고와는 다르게 가슴을 성적으로 은밀하게 묘사하지 않고 자신감 있게 표현하면서도 카피 파워가 강했다는 점에서 찾을 수 있다. 그 후에 북아메리카와 유럽 시장에서도 적극적으로 광고 활동을 전개한 결과 15초에 한 개 꼴로 원더브라가 팔려나갔다. 1994년에 원더브라는 북아메리카 시장에서만 1억 2000만 달러의 매출액을 기록했다. 광고의 성공에 따라 미국에서는 울트라브라(Ultrabra)나 미러클 브라(Miracle Bra) 같은 아류 상품도 나왔다. 광고 캠페인이 진행되는 동안 "원더브라가 세상을 구할 것인가?(Will Wonderbra Save the World?)" 같은 언론 보도도 자주 나왔다.[10]

사실 원더브라는 1955년에 미국에 상표등록을 했지만 주목

받지 못하다가, 1964년 캐나다 디자이너 루이즈 프와리에(Louise Poirier)가 푸시업 디자인을 개발하며 조금씩 인기를 얻기 시작했다. 일반적인 브래지어가 25가지 요소로 만들어졌다면 푸시업 브라는 54개의 구성 요소로 만들었기에 더 탐스러운 가슴을 만들어준다고 설명했다. 브래지어 컵이 언더와이어, 정밀하고 팽팽한 어깨끈, 움직이는 패드, 이 세 가지 요소로 구성되기 시작한 것도 이때부터였다. 원더브라 측에서는 의사나 여성 건강 전문가를 등장시킨 홍보 활동을 통해 가슴 확대 수술이 유방암의 원인이 될 수 있다는 점을 환기하며 원더브라의 푸시업 기능을 강조했다.

원더브라 광고는 풍만한 가슴을 보여주면서도 선정적이지 않다. 광고 심의에서는 신체 노출, 성적 행동 및 신체 접촉, 선정적인 언어라는 세 가지 측면에서 선정성 여부를 따진다. 신체 노출은 텔레비전 프로그램이나 광고에서 전라·반라·목욕 장면이나 속옷·수영복 차림을 한 모습을 보여주는 것이다. 성적 행동 및 신체 접촉은 성적인 연상을 가능하게 하는 자세, 시선, 실제 모델 간의 신체 접촉, 성행위 등이다. 선정적인 언어는 신체의 특정한 부위를 언급하는 성적인 표현, 직접적인 성행위의 언급, 유혹성 언급, 성적 관심의 표현, 중의적인 표현이 포함된 성적 은유, 성행위를 암시하는 신음 등이다.

현재 우리나라는 선정적인 광고에 대해 '제도적인 규제'와 '자율적인 규제'를 병행하고 있지만 실효성은 의문스럽다. 방송통신심의위원회는 내용 등급에 따라 인터넷에서 유통되는 청소년 유해 콘텐츠를 심의하고 결정한다. '노출', '성행위', '폭력', '언어' 같은 네 가지 영역을 다섯 단계(0~4단계 등급)로 구분해 심의하고 있지만,[11] 시장이 보여주는 선정성 속도는 언제나 심의 기준을 앞질러간다.

이제 경영자들이 선정성 문제를 해결하는 데 팔을 걷어붙이고 나설 때다. 방법은 간단하다. 선정적인 내용의 광고에 예산을 배정하지 않으면 된다. 선정성으로 물든 광고는 기업의 브랜드 자산을 구축하지 못하면서 인간의 말초신경만 자극할 뿐이다. 소비자들 역시 그런 광고를 내보내는 곳은 선정적인 회사로만 기억할 가능성이 높다.

뉴턴만 틀린 것이 아니다. 선정적인 광고를 좋아하는 당신의 회사도 틀렸다.

05 차별에 대한 자각이 유리 천장을 깬다

세계 3대 광고제 중에서도 칸 라이언즈는 가장 저명한 광고 제로서 매년 전 세계 광고인의 관심을 모으는 축제의 장이다.[12] 2017년 칸 라이언즈에서는 여러 수많은 출품작 중에서 통합 부문의 그랑프리를 차지한 미국 부스트 모바일(Boost Mobile)의 '목소리를 높여요(Boost Your Voice)' 편(2017)이 세인의 큰 주목을 받았다. 하지만 필자는 당시 티타늄(Titanium) 부문에서 그랑프리를 수상한 미국 SSGA(State Street Global Advisors)의 '두려움 없는 소녀(Fearless Girl)' 편(2017)에 더 마음이 흔들렸다. 그녀는 정말 매혹적이었다. 우리 경영자들도 만사 제쳐놓고 그녀를 꼭 만나보았으면 싶다.

우리나라도 2006년부터 여러 여성 고용 촉진책을 시행하고 있다. 가령 일정 규모 이상의 민간과 공공 부문 대기업은 여성 고용률이나 여성 관리자의 비율이 낮을 경우, 해당 비율을 더 높이라는 권고를 받는다. 하지만 그렇게 10여 년이 흘렀어도 아직도 사회 여기저기서 여성들은 다양한 형태의 유리 천장과 맞닥뜨리고 있다. 한국 여성의 경제 활동 비율은 해마다 증가하고 있지만, 결혼·출산·육아 시기에 접어드는 30대를 전후해서 하락하기 시작한다. 그동안에도 여성의 노동력이나 능력을 뚜렷한 근거 없이 평가절하하며 여성을 차별해온 경영자들도 많았으리라.

세계적인 투자자문 회사 SSGA의 옥외광고 '두려움 없는 소녀' 편을 보자. 일부 국내 언론이 이 조각상의 제목을 '용감한 소녀'라고 번역해 소개했는데 그렇게 하면 광고 창작의 의도가 약화되어버린다. 반드시 '두려움 없는 소녀'로 번역해야 한다. 어린 나이에 여러 사람들의 선두에 섰던 잔 다르크(Jeanne d'Arc)나 유관순 열사가 용감했던 것인지 두려움이 없었던 것인지를 생각해보면 이치가 자명해질 터이다. 두려움 없는 행동은 용감한 행동보다 더 치열한 정신세계 아닐까? 이 옥외광고에서는 성 다양성(gender diversity)을 이야기하며 유리 천장의 문제를 은근히 암시한다. 용감하기보다 두려움 없는 정신을 환기하고 있는 셈이다.

SSGA 옥외광고 '두려움 없는 소녀' 편

광고 영상에서는 조각가 크리스틴 비스발(Kristen Visbal)이 소녀상을 구상하는 순간부터 시작해 옥외 조형물을 만드는 과정을 보여주며 다음과 같은 핵심 메시지를 전달한다.

여러 연구에 의하면 리더십이 있는 여성을 보유한 회사는 그렇지 않은 회사보다 성과가 뛰어났다.
이번 세계 여성의 날을 맞아 우리는 오늘과 내일을 위해 여성 지도력의 상징을 만들었다.
아무도 무시할 수 없는 곳에 그녀를 데려다주자.
#그녀는다릅니다

이 소녀상의 키는 130센티미터다. 월가의 명물 '돌진하는 황소상'에 맞서 양손을 허리에 대고 당당하게 위를 쳐다보는 모습이 범상치가 않다. 이 광고는 최종 발표에 앞선 부문별 수상작 발표에서도 티타늄 부문, 대중적인 효과를 측정하는 PR 부문, 여성을 비롯한 사회적 편견을 깬 캠페인에 수여하는 글라스(Glass) 부문, 가장 인상 깊은 옥외광고(Outdoor) 부문 등 모두 네 개 부문에서 최고 영예인 그랑프리를 수상했다. 칸 라이언즈의 심사위원들은 이 옥외광고를 두고 "무척 간단하지만 캠페인 본연의 메시지를 즉각 전 세계에 알렸고, 여성의 사회적인 역할에 대한 영감을 많은 사람에게 환기했다"라며 수상작으로 선정한 이유를 설명했다.[13]

2017년 SSGA는 '세계 여성의 날(매년 3월 8일)'을 기념하기 위해 그 하루 전인 3월 7일에 세계 금융의 중심지인 뉴욕 월가에 소녀상을 설치했다.[14] SSGA는 대부분의 기업에서 여성 임원이 전체의 25퍼센트 이하인 현실을 개탄하며 성 다양성을 강조하고 금융계에서부터 남성 중심적인 환경이 개선되기를 바라며 이 소녀상을 제작했다고 밝혔다. 월가의 명물 '돌진하는 황소상'과 마주 보는 자리에 설치된 이 소녀상은 곧 황소상의 인기를 넘어섰다. 소녀상과 사진을 찍는 사람들이 늘면서 인스타그램(Instagram)에 인증 사진이 수만 건 올라왔다. 당초에는 4주 동안만 설치될 예정이었지만 소녀상의 영구 보존을 청원하는 글이 소셜미디어에 넘쳐나자 2018년 말까지 있던 자리에 그대로 존치되었다. 그 후에는 그녀가 마주 보고 있던 황소상과 함께 뉴욕증권거래소에 더 가까운 위치로 이전될 것이라고 한다.[15]

'유리 천장'이라는 말은 1979년에 서구의 다국적 정보기술 기업에 다니던 여성 직원들의 수다에서 처음 등장한 것으로 알려져 있다. 그 후 1986년 미국 ≪월스트리트저널(Wall Street Journal)≫이 유리 천장을 다룬 기사를 내보내며 널리 쓰이게 되었다. 영국의 시사 주간지 ≪이코노미스트(The Economist)≫는 매년 '유리천장지수(The glass-ceiling index)'를 발표하는데 2016년에 한국은 경제협력개발기구(OECD)의 주요 회원국 29개국 중 29위라는 불명예를 얻었다. 스마트 시대에 부끄러운 자화상이다. 남성보다 높은 성취욕과 자신감은 물론이고 능력까지 뛰어난 '알파걸'이 한국에서도 늘고 있다지만 '알파우먼'은 매우 적다. 알파걸이 알파우먼으로 성장할 만한 사회·문화적인 환경이 성숙하지 않았기 때문이다.

상황이 이렇게 된 데는 기업 경영자들의 오판도 상당한 영향을 미쳤으리라. 회사에 여성 임원이 늘면 통제력이 약화되어 조직이 흔들린다고 여기는 경영자가 주변에 뜻밖에도 많다. 문재인 정부가 들어선 후에 여성 장관의 수가 늘면서 "뭐 그리 여성 장관이 많으냐"라는 남성들의 야유가 따라 느는 것은 성 다양성에 대한 인식이 일천한 탓이다. 성 인식의 코페르니쿠스적 전환이 무엇보다 시급하다. "암탉이 울면 집안이 망한다"라던 시대는 흘러갔다. 남성들의 인식이 바뀌어 가정, 기업, 국가의 모든 영역에서 여성 차별을 혁파해야 한다. 지금은 "암탉이 울면 알을 낳는다"라고 할 만한 시대다. 성 다양성에 대한 인식을 확고히 하면 할수록 기업의 성과 역시 더더욱 확고해질 터이다.

젠더(gender)의 출발점은 차별에 대한 자각이다. 여성 스스로가 유리 천장을 깨려고 노력해야 하는 이유가 여기에 있다. 사회 구성원 모두가 성 다양성 문제에 더 많은 관심을 가져야 한다. 뉴욕의 소녀상이 어느 날 갑자기 광화문에 등장해서 우리를 노려보기 전에 말이다.

06 헤드 테이블에서 진정한 감사 인사를

해마다 설과 추석 명절을 앞둘 때면 고향으로 해외로 민족의 대이동이 일어난다. 설레는 마음은 모두 같으리라. 하지만 연휴에 들어가기 직전에 일터에서 마지막 일손을 놓으며 느낀 마음의 결에서는 조금씩 차이가 있기 마련이다. 누구는 두둑한 상여금을 생각하며 기쁘게 일손을 멈추었겠지만 다른 누구는 그렇지 못했으리라. 일주일에서 열흘 가까이 쉬는 이들도 있겠지만 명절 당일에도 쉬지 못한 채 일을 해야 하는 이들도 있으리라.

연휴 직전에 마지막 업무를 마치고 퇴근하는 직원들을 향해 경영자들은 어떤 말을 전했을지도 궁금하다. 대부분의 경영자들은 직원들에게 상여금을 지급하고 선물 하나씩 돌리는 것으로 명절 인사를 갈음하는 것이 보통이다. 만약 경영자와 직원들이 잠

시나마 사무실에 둘러앉아 계급장을 떼고 덕담을 주고받은 다음
에 헤어졌다면 어떨까. 아마 그런 직원들은 훨씬 즐거운 마음을
품은 채 고향으로 향하는 발걸음을 떼었으리라. 미국의 추수감
사절(Thanksgiving day) 광고를 통해 자연스러운 만남이 얼마나 중
요한지 살펴보자.

미국의 슈퍼마켓 체인 퍼블릭스(Publix)의 광고 '헤드 테이블'
편(2008)을 보자. 광고가 시작되면 추수감사절을 함께 보내기 위
해 세 가족이 만나 둥그런 테이블에 앉는다. 피부색이 각각 다른
세 가족이다. 식사 직전이라서인지 모두 상기된 표정으로 테이
블에 앉아 있다. 이때 한 사람이 나서 추수감사절을 맞는 소감을
묻는다. "자, 식사하기 전에 몇 마디씩 짧게 말씀해주세요." 가족
별로 돌아가면서 덕담을 나누는데, 딱히 어디가 헤드 테이블인지
는 알 수 없다.

"아! 오래 걸리지는 않을 거예요. 왜냐하면 나도 엄청 배고프
니까."

"해마다 추수감사절에는 염원을 담아 기도해요."

"그리고 우리는 감사할 것들이 정말 많죠."

LET'S GIVE THANKS

퍼블릭스 '헤드 테이블' 편

"이 감사한 칠면조 요리⋯⋯. (하하하) 게다가 반죽된 소(餡: 송편, 만두 등의 속에 넣는 재료), 크랜베리와 감자에게도 고맙다고 해야죠."

"어디 보자⋯⋯. 음⋯⋯."

"아버지, 저는 지금 이렇게 아빠 곁에 있는 순간이 무척 행복해요."

"이렇게 멋진 아들을 두신 엄마에게도 감사해요"(자화자찬).

"무엇보다 제 곁에 가까이 있는 우리 가족과 친구들을 위해 매일 감사를 드려야 할 것 같아요. 실제로도 그렇게 해요. 다만 여러분에게 굳이 말하지 않을 뿐이지만요."

"매일매일이 행운이라고 생각해요."

"지난 45년과 45마리의 칠면조들, 앞으로도 이날은 항상 특별하겠죠."

"그러니 항상 이 음식에,"

"이 멋진 잔치에,"

"굉장한 올 한 해에,"

"그리고 서로에게 항상 감사합시다."

"모두들 사랑해요."

이런 대화가 마무리될 즈음에 "감사드려요"라는 자막이 나오며 광고가 끝난다.

이 광고에서 주목해야 할 점은 사람들이 사각형 식탁이 아닌 원탁에 앉아 있다는 것이다. 기다란 사각형 탁자에는 보통 윗사람이 앉는 상석이 있기 마련인데, 원탁에는 상석이 따로 없다. 바꿔 말하면 자리를 지정해 상하 관계(계급장)를 표시하지 않았기 때문에 어른이나 아이나 할 것 없이 생각하기에 따라서는 누구나 자신이 앉는 자리가 상석이 될 수 있다. 즉, 이 광고는 추수감사절에는 누구나 주인공이 되어야 한다는 취지에서, 누구나 자기만의 '식탁의 상석[Head of the Table, 헤드 (오브 더) 테이블]'에 앉아 한 해 동안 느낀 감사함을 표시하게 한 것이다. 추수감사절에 볼 수 있는 전형적인 광고다.

퍼블릭스는 1930년에 설립된 미국 플로리다주의 대형 슈퍼마켓 체인이다. 1930년에 조지 젱킨스(George W. Jenkins)가 플로리다주 윈터헤이븐에 세운 조그만 상점이 모태인데, 2010년에는 ≪포춘(Fortune)≫이 선정한 '글로벌 100대 기업'에서 86위를 차지할 정도로 성장했다. 식품·제빵류·유제품을 생산하며, 미국 전역에 1100여 개의 소매점도 운영하고 있다. 역사가 오래되어 퍼

블릭스 브랜드의 인지도는 매우 높았기 때문에 인지도를 높이려
는 광고는 할 필요가 없었고 판매율을 높이는 것이 관건이었다.
그렇게 2008년에 집행된 이 광고는 상당한 효과를 발휘해 전년
도인 2007년 추수감사절 기간에 비해 2008년 판매율이 21퍼센트
나 늘어났다는 조사 결과가 있다.[16]

이 광고는 누가 보더라도 이해하기 쉬운 평범한 구성이다. 특
별히 주목을 끄는 비주얼이나 카피도 없다. 추수감사절을 맞아
지인 관계인 세 가족이 모여 함께 식사하는 일상의 단면을 있는
그대로 보여주고 있다. 하지만 일상의 단면을 그대로 보여주는
것 자체가 이 광고의 매력이다. 평범하고 일상적인 대화 속에 서
로의 믿음과 넉넉한 사랑이 잔뜩 묻어나기 때문이다. 명절에 고
향에 가서 오랜만에 지인들을 만날 때 상대를 헤드 테이블에 모
신다는 마음으로 대화를 나눈다면 서먹서먹하지도 않고 넉넉하
게 마음을 나눌 수 있을 것이다. 상대를 주인공처럼 존중하며 상
석에 모신다면, 가족이나 친지끼리 싸웠다는 명절 끝나고 종종 들
려오는 소식도 확실히 줄어들지 않을까 싶다.

그뿐이랴? 경영자들이 직원에게 상여금을 나눠주며 명절 인
사를 대신하는 관습에서 벗어나, 이 광고처럼 사각형 테이블이 아

닌 원탁에 마주 앉아 그동안의 노동에 대해 감사 인사를 전한다면 직원들에게 기대 이상의 감동을 안겨줄 수 있다. 브레인스토밍(brainstorming)을 할 때 참여자들이 자유롭게 아이디어를 내도록 지위 고하에 상관없이 원탁에 마주 앉듯이, 반드시 원탁에서 계급장을 떼고 덕담을 주고받는 것이 좋겠다. 어떤 기업에서는 신입사원이 입사 1년을 맞으면 신입사원 돌잔치를 해준다고 한다. 축하를 주고받는 순간에 신입사원도 헤드 테이블에 앉도록 배려한다면 훨씬 더 훈훈한 자리가 되지 않을까?

판단력이
성패를
가른다

Business Insights Learned through Advertising

07   돈 안 드는 아이디어만 좋아하다가는

기업이나 공공 분야의 경영자들은 구성원에게 참신한 아이디어를 내라고 독촉하는 경우가 흔하다. '아이디어 제안상' 같은 이런저런 이름의 상을 만들며 아이디어 생산을 장려하기도 한다. 하지만 일부 예외를 제외하면, 어렵게 얻은 좋은 아이디어를 실제 경영에 적용하는 경우는 많지 않은 듯하다. 아이디어 경영을 하겠다고 그럴듯하게 포장하면서도, 정작 아이디어를 실행할 예산은 지원하지 않으려고 한다. 행사 때만 반짝 주목받고 사장되는 아이디어가 많은 이유가 그 때문이다. 어떤 아이디어가 구현되려면 그것을 현실화할 충분한 예산이 필요한데, 경영자들은 돈이 안 드는 아이디어에만 관심을 보이니 안타깝다. 가령 일본 닛신식품(日淸食品)의 컵누들 광고는 아이디어를 구현할 충분한 자금이 뒷받침되지 못했다면 결코 세상에 나오지 못했으리라.

닛신식품은 1990년대 초부터 원시인을 소재로 삼은 컵누들 광고 '배고파?' 캠페인을 전개했다. 한국에서 컵라면 정도의 위치에 있는 음식이 일본에서는 컵누들이다. 늘 허기에 시달렸을 선사시대 원시인들이 사냥을 위해 동물들을 쫓아다닌다는 내용이 핵심 아이디어다. 사슴의 원조 격인 신테토케라스(Synthetoceras), '날개 달린 뱀'이라는 의미의 익룡 케찰코아틀루스(Quetzalcoatlus), 타조의 일종인 모아(Moa), 한때 인간과도 접촉했지만 지금은 멸종해버린 코끼리과의 포유동물 매머드(Mammoth), 에오세(Eocene)에 살았던 초식성 포유동물 윈타테륨(Uintatherium), 멧돼지 조상인 자이언트 워트호그(Giant Warthog), 대왕 오징어인 자이언트 스퀴드(Giant Squid) 등이 차례로 시리즈 광고에 등장했다. 광고 속의 원시인들은 이 동물들을 추격하거나 낚시해서 먹잇감으로 삼으려고 했다.

여러 시리즈 중에서 특히 '원시인과 모아 타조' 편(1992)이 주목할 만하다. 광고가 시작되면 거대한 체구의 모아가 자기 몸집의 10분의 1에도 미치지 못하는 키 작은 원시인들에게 쫓겨 도망가고 있다. 잠시 지나면 거의 잡힐 정도까지 원시인들이 뒤따라

닛신식품 컵누들 '원시인과 모아 타조' 편

온다. 거대한 몸집의 모아가 왜 도망치는 것일까? 광고계 사람이라면 거의 다 아는 이 광고는 그동안 공룡을 쫓는 원시인으로만 소개되어왔다. 이 광고는 육식 공룡이 아닌 초식 공룡이어야만 설명이 가능하다. 육식 공룡이라면 원시인들을 잡아먹어 버리면 그만이니 말이다. 지금의 뉴질랜드 지역에서 살았던 새의 일종인 모아는 타조의 친척으로 '싸우지 않는 새'로 알려져 있다. 그래서 계속 원시인들에게 쫓겨 도망 다니지만 이 새에게도 지혜가 있다. 낭떠러지가 나오자 그 앞에서 잠깐 멈춰 서서 육중한 몸을 가볍게 날린다. 낭떠러지를 향해 원시인들이 계속 달려가는 그 순간 땅을 쿵 하고 밟자 원시인들은 모두 낭떠러지 아래로 떨어져 버린다. 곧이어 "hungry(배고파)?"라는 한마디 목소리가 들리더니 '갓푸누도루(カップヌードル, cup noodles)'라는 브랜드 이름을 알리며 광고는 끝난다. 타조는 시속 70킬로미터로 달리는 지상에서 가장 빠른 새인데, 그와 비슷한 모아의 질주 속도와 원시인들의 식욕을 절묘하게 연결시켰다.

계속되는 시리즈인 '원시인과 윈타테륨' 편(1992)에는 코뿔소의 조상이 등장한다. 에오세 시기의 거대한 초식성 포유동물인 윈타테륨이 등장하는 이 광고의 구조는 '원시인과 모아 타조' 편

닛신식품 컵누들 '원시인과 윈타테륨' 편

과 유사하다. 광고가 시작되면 원시인들이 벌집에 매달린 꿀벌처럼 원타테룸의 몸에 새까맣게 붙어 있다. 얼마나 배가 고팠으면 동물의 형체를 알 수 없을 정도로 그렇게 매달려 있을까 싶다. 견디다 못한 원타테룸이 거대한 몸집을 슬쩍 흔들자 원시인들이 후드득 나가떨어진다. 그래도 안 떨어지고 계속 괴롭히는 원시인들이 있다. 원타테룸이 몸을 더 크게 흔들자 머리와 몸통에 붙어 있던 원시인들은 다 떨어져 나갔는데, 엉덩이 부분에는 여전히 붙어 있다. 그러자 원타테룸은 계속 몸을 흔들어 끝까지 버티던 한 명(다섯 번째 컷)까지 내동댕이치고 사라지는데, 잠시 기절했던 원시인들이 다시 일어나 뒤쫓기 시작한다. 이 순간에 "hungry?"라는 카피 한 줄이 나오며 광고가 끝난다. 몹시도 배가 고팠을 원시인들의 일상을 통해 배가 고플 때는 컵누들을 먹으라는 메시지를 간명하게 전달하고 있다.

닛신식품은 1971년 9월부터 갓푸누도루를 발매한 후에 이 제품이 세계 최초의 컵라면이라 주장해왔다. 하지만 닛신의 컵라면이 전 세계에 알려지게 된 결정적인 계기는 이 캠페인이 칸 라이언즈에서 1993년 그랑프리, 1994년 금상, 1995년 은상, 1996년 동상을 잇달아 수상한 이후부터다. 광고회사 하쿠호도(博報堂)에서 기획하고 도호쿠신사(東北新社)에서 제작한 이 캠페인은 광고계에 컴퓨터 그래픽(CG)을 바탕으로 하는 디지털 시엠(CM)의 태풍을 몰고 왔다.

이 광고로 일본 광고계의 거장으로 발돋움한 광고 감독 나카지마 신야(中島信也)는 당시에 거우 서른서너 살이었다. 영상에서 매력(魅力)을 일구는 것이 자기가 할 일이라고 즐겨 말했던 그는 이 광고를 창작할 때 문득 이런 생각이 떠올랐다고 한다.[1] 원시인들은 배고픔을 달래려고 늘 동물을 쫓아다니지 않았을까? 원시인에게는 먹거리가 가장 중요하지 않았을까? 항상 배가 고팠을 원시인을 소재로 광고를 만들면 재미있지 않을까? 이런 생각들이 모여 원시인의 생생한 생활이 형상화되었고, "배고픈 사람 없습니까?"라는 처음의 카피도 사족 같아 "hungry?"라는 한마디로 줄였다는 것이다.

1992년부터 1996년까지 캠페인을 전개해가는 과정에서 시장점유율도 조금씩 늘어났다. 여기에서 '조금씩'은 무척 의미 있는 표현이다. 당시 닛신식품의 컵누들은 포화 상태에 접어든 컵라면 시장에서 이미 지배적인 위치에 있었다. 경쟁 브랜드도 많이 등장했기 때문에 닛신의 광고 목표는 시장점유율을 늘리는 것이 아니라 기존의 점유율을 지키는 데 있었다. 즉, 매출 신장이 아니라 매출액을 떨어뜨리지 않고 유지하는 것이 중요했다. '배고파?' 캠페인이 세계적으로 알려지면서 광고 목표를 달성한 것은 물론이고 브랜드 이미지도 좋아졌다. 제품광고가 기업광고의 기능까지 담당한 사례다.

일본 ≪닛케이신문(日経新聞)≫이 발행하는 월간지 ≪닛케이 트렌디(Nikkei Trendy)≫는 2012년 5월 호에서 10년 후에도 잘 팔릴 상품 베스트 30을 발표했는데, 여기서 닛신식품 컵누들이 1위에 올랐다. 원시인에게 '배고파?'라고 물어보는 빅 아이디어가 성공을 거두며 브랜드 선호도가 계속해 상승한 결과이리라. 닛신식품은 2017년에 이 캠페인을 오마주(Hommage, 존경과 존중)하는 차원에서, '배고픈 시절(Hungry Days)'이라는 캠페인을 선보이며 현대 일본인의 생활을 애니메이션으로 표현하기도 했다.

원시인을 등장시킨 '배고파?' 캠페인에서 무엇을 배울 수 있을까? 창의적인 아이디어를 알아보는 안목도 당연히 중요하겠지만, 그것이 현실이 되도록 충분한 자금으로 뒷받침해주는 판단력도 필요하다. 모두 아홉 편의 광고로 구성된 이 캠페인에는 1992년 당시 기준으로 광고 1편당 제작비가 4000만~5000만 엔(우리

돈 4억~5억 원)이라는 거금이 들어갔다. 광고 촬영은 미국 로스앤젤레스 북쪽의 사막지대에서 진행되었지만, 컴퓨터 그래픽을 통해 추가로 많은 장면을 만들어냈기 때문에 상당한 제작비가 들어가게 되었다. 닛신식품의 경영자들은 고심 끝에 거액의 광고 제작비를 승인했는데, 그렇지 않았다면 '배고파?' 캠페인은 세상에 나오지 못하고 누군가의 휴지통으로 사라져버렸을 터이다.

돈 안 드는 아이디어만 찾느라고 광고 비용을 승인하는 데 가년스러운 경영자가 눈여겨볼 대목이다. 마케팅 분야의 스테디셀러 『마케팅 불변의 법칙(The Immutable Laws of Marketing)』(1994)을 보면 자금으로 뒷받침되지 않는 아이디어는 아무 소용없다는 '자원(resources)의 법칙'을 강조했다.[2] 경영자들이 꼭 알아야 할 지침이다. 돈 안 드는 아이디어만 좋아하다 보면, 꼭 그 정도로만 성공할 수 있을 테니까. 크게 성공할 수는 없고!

08 가짜 뉴스를 가려보는 혜안이 필요해

허위 사실을 진짜인 듯 보도하는 가짜 뉴스(fake news) 문제가 시간이 흐를수록 심각해지는 양상이다. 가짜 뉴스란 어떤 목적을 위해서 언론 보도 형식으로 만들어 의도적으로 유포하는 거짓 정보다. 마치 전문 기자가 쓴 것처럼 취재원을 밝히는 등 진짜 기사처럼 작성하기 때문에 독자들이 쉽게 속아 넘어간다. 가짜 뉴스가 전파되는 형태는 두 가지다. '카더라 통신(유언비어)'이나 '묻지 마 뉴스'와 같은 출처 미상의 거짓 정보를 사실인 듯 무작위로 유포하거나 언론사와 소셜미디어의 공식 계정을 해킹해 뉴스를 조작하는 형태다. 가짜 뉴스는 더욱 그럴싸하게 포장하기 때문에 진짜 뉴스보다 더 사실 같아 보이고 확산 속도도 더 빠른 경우가 많다.

일터에서도 일종의 가짜 뉴스인 '카더라 통신'이 엄청나게 나돈다. 그런 소식을 접하면 처음에는 반신반의하다가도 흥미로운 소식에 점점 귀를 기울이기 마련이다. 회사에 떠도는 가짜 뉴스 때문에 경영자들이 오판하는 경우도 비일비재하다. 예컨대 승진 대상자끼리 경쟁하는 상황에서 불리한 쪽에서 승진이 유력한 상대방을 비방하거나 그와 관련된 헛소문을 퍼뜨리는 것이다. 회사 내부 통신망에 상대방의 비리라며 가짜 뉴스를 올리는 경우도 있다. 이럴 때 종종 경영자들은 진실을 확인하지도 않고 유능한 사람을 승진에서 배제하기도 한다. 언론 보도에서나 경영 현장에서나 뉴스의 핵심 가치는 사실에 바탕을 둔 진실성이다. 신문의 가치를 알리는 광고를 통해 뉴스의 진실성이 얼마나 중요한지 확인해보자.

남아프리카공화국 케이프타운에서 발행되는 신문 ≪케이프타임스(The Cape Times)≫를 알리는 자체 광고 '셀카' 편(2013)의 시리즈 광고를 살펴보자. 이 시리즈 광고에서는 ≪케이프타임스≫의 진실성을 강조하기 위해 유명인을 모델로 활용했다.[3] 영국의 처칠(Winston Churchill) 총리, 미국의 케네디(Kennedy) 대통령 부부, 미국 맨해튼 타임스퀘어에서 키스하는 해군 병사 커플, 남아공의

≪케이프타임스≫ '셀카' 시리즈 편

정신적인 지주 데즈먼드 투투(Desmond Tutu) 성공회 대주교, 결혼식을 올리는 영국 윌리엄(William) 왕세손 부부 등이 광고 모델이다. 지면 하단에 실제 신문을 배치했는데 1면 기사에는 뉴스의 주인공이 대형 사진으로 소개되어 있다. 이 광고를 만든 크리에이티브 디렉터인 커크 게인스포드(Kirk Gainsford)는 신문 1면 기사에 등장하는 대형 사진 이미지를 변용해 1면의 주인공이 스스로 자기 사진을 찍듯 팔을 뻗는 모습으로 연출했다. 역사와 시대의 명장면을 담은 사진을 활용해 스스로 자기 사진을 찍는 듯한 셀프 카메라(selfies) 장면을 만들어냈다. 카피와 카피 사이에 ≪케이프 타임스≫ 1면 이미지를 집어넣어 문장이 완성되게 한 레이아웃도 창의적이다. 카피는 다음과 같다.

당신은 뉴스에 이 이상으로 다가갈 수 없습니다. ≪케이프타임스≫는 그 모든 것을 알고 있습니다(You can't get any close to the news. The *Cape Times* Know all about it).

모든 스토리는 직접 들은 이야기처럼 느껴집니다. ≪케이프 타임스≫와 함께 뉴스에 더 가까이 다가가세요(Every story feels like a first-hand account. Get closer to the news with the *Cape Times*).

이 광고에서는 기사의 모든 내용이 직접 들은 이야기처럼 생생하다며 뉴스의 진실성을 강조했다. 유명인을 광고 모델로 활용하면서도 따로 촬영하지는
않고 이미 자사의 신문에 보
도된 기존 사진을 비틀어 셀
카를 찍는 듯이 표현함으로
써, 유명인에게서 직접 들은
이야기처럼 느껴지도록 만들
었다. 이 광고는 2013년 칸 라
이언즈에서 은상을 수상한 바
있다.[4]

≪타게스슈피겔≫ '트럼프' 편

독일 베를린의 일간지 ≪타게스슈피겔(DER TAGESSPIEGEL)≫
도 자사의 홍보 광고 '트럼프' 편(2016)에서 뉴스의 진실성을 강조
했다. 2016년 미국 대통령 선거전이 진행되던 시기에 집행된 이
광고는 소셜미디어를 통해 널리 퍼지며 전 세계인의 시선을 사로
잡았다. 이 광고를 보는 순간 미국 대통령 후보로 나섰던 트럼프
(Donald Trump) 후보의 입이 한눈에 들어온다. ≪타게스슈피겔≫
은 자사의 신문 수십 부를 쌓아올린 이미지를 통해 험한 말을 많
이 늘어놓았던 트럼프 후보의 빅 마우스(big mouth)가 한껏 강조
되도록 했다. 시각적인 장난기가 돋보이는 광고다. 트럼프의 입

이 크게 벌려진 사진은 구설에 빈번히 올랐던 그의 특성과 정치 스타일을 보여주기에 충분했다. "과연 그는 백악관으로 향하는 자신의 길을 스스로 어지럽힐 것인가(Will he bully his way into the White House)?"라는 헤드라인은 입을 강조한 비주얼 메시지와 만나 시너지를 일으켰다. 이 광고 역시 창의성을 널리 인정받으며 2017년 칸 라이언즈에서 인쇄광고 부문의 황금사자상과 옥외광고 부문의 은사자상을 받았다.[5]

이 신문은 한국에도 잘 알려진 독일의 대표적인 주간지 ≪슈피겔(DER SPIEGEL)≫이 아니라 베를린 지역에서 발행되는 일간지 ≪타게스슈피겔≫이다. 지명도 측면에서 보면 ≪슈피겔≫보다는 떨어지는 매체인데, 우리나라 일부 정치인들이 이 신문과 인터뷰를 하고 나서 "독일 매체 ≪슈피겔≫과 인터뷰했다"라며 은근슬쩍 홍보하기를 즐겨했다. 어쨌든 ≪타게스슈피겔≫은 광고 '트럼프' 편을 통해 국제적으로 인지도를 크게 높였다. 가짜 뉴스는 2016년 미국 대선은 물론이고 2017년 한국 대선에서도 심각한 문제로 지적되었다. 이 광고에서도 가짜 뉴스의 유포를 경계하면서 트럼프의 선동적인 발언에 주목했으며 뉴스의 진실성을 환기했다.

두 광고의 성공 요인은 언론의 가장 중요한 가치가 진실성이라는 점을 창의적인 방식으로 표현했다는 것이다. 『옥스퍼드 사전(Oxford English Dictionary)』은 2016년에 주목해야 할 단어로 '탈진실(post-truth)'을 선정했다. 진실이 무엇인지 제대로 확인하지 않고 맹목적으로 믿는 모습이나 자신이 믿고 싶은 것만을 진실로 받아들이는 모습 등 탈진실 시대의 무분별한 경향을 경계해야 한다는 취지에서였다. 프란치스코(Franciscus) 교황이 미국 대선에서 트럼프 후보를 지지한다는 가짜 뉴스가 페이스북(Facebook)을 통해 확산된 직후였다.

우리 일터에도 카더라 통신이 바이러스처럼 창궐하고는 한다. 동료와 상하 간에 넘나드는 가짜 소식 탓에 영혼의 상처를 입은 사람도 숱하게 많다. 처음 들었을 때는 반신반의하던 사람들도 솔깃한 이야기가 계속되면 쉽게 확신해버리는데, 이런 일이 반복되는 것은 일터와 사회의 이상 징후라고 할 수 있다. 존경받고 싶은 경영자라면 가짜 소식과 진짜 소식을 가려볼 줄 아는 통찰력을 길러야 한다. 가짜 뉴스가 판치는 세상에서 저널리즘의 진실한 가치가 점점 더 중요해지는 것처럼 기업 경영에서도 소문의 진실성을 가려보는 경영자의 혜안이 정말로 중요해졌다. 가짜 뉴스는 이해관계가 다른 사람들을 극단적인 대립으로 몰고 가 조직의 갈등을 부추기는 핵심 요인으로 작용한다. 이제 일상생활에서도 가짜 뉴스에 속지 말고 탈진실 시대의 맹목적인 믿음을 경계해야 한다.

□9   새로운 것이 다 좋은 것만은 아니다

세상에서 '새로운(New)' 것처럼 좋은 것도 없겠지만, 동시에 이처럼 진부한 말도 없다. '신제품'과 '새 시대'를 넘어 '새 정치'에 이르기까지, 여기서도 저기서도 다들 새롭다고 하니 뭐가 진짜로 새로운 것인지 알 수 없을 때가 많다. 기업도 기존 제품에 약간의 성분을 더하거나 기능을 추가하고서 신제품이라고 곧잘 주장한다. 자고 나면 쏟아져 나오는 '새롭다'는 현란한 말잔치에 가히 정신이 어지러울 지경이다.

일찍이 문학평론가 김현 선생은 맹목적으로 새로운 것을 추구하는 경향을 콤플렉스의 일종이라고 규정하며 '새것 콤플렉스'라는 이름을 붙였다. 새로운 것은 우리에게 모두 좋기만 한 것일까? 1886년에 세상에 첫 등장한 코카콜라(Coca-Cola)는 브랜드 역

코카콜라 로고의 변천(1886~2007년)

사 100년을 맞이해 새로운 콜라라는 뜻의 '뉴 코크(New Coke)'를 출시했지만 호된 역풍을 맞고 석 달 만에 철수한 바 있다. 코카콜라의 뉴 코크 사례를 통해 새로운 것이 꼭 좋은 것만은 아니라는 점을 확인해보자.

제2차 세계대전 이후 60퍼센트를 넘기던 코카콜라의 시장점유율은 1980년대에 이르며 하향 곡선으로 돌아서 1983년에 24퍼센트까지 추락했다. 이런 상황에서 경쟁사 펩시콜라(Pepsi)가 브랜드 이름을 가리고 어느 콜라가 더 맛있는지 소비자들에게 묻는 길거리 블라인드 테스트를 실시했는데, 이때 다수가 펩시를 선택했다. 테스트 결과를 근거로 펩시는 '펩시 챌린지(Pepsi Challenge)' 캠페인을 전개해 코카콜라의 브랜드 가치에 적극적으로 도전해왔다. 그러자 미국 소비자들 사이에서 펩시콜라가 코카콜라보다 맛있다는 인식이 은연중에 퍼졌고 펩시콜라가 더 잘 팔리는 지역도 나타나기 시작했다. 이에 코카콜라 경영진은 추락한 시장점유율을 끌어올리려고 대규모 소비자 조사 결과를 반영한 신제품을 출시하기로 했다.

마침내 1985년 4월 미국 뉴욕의 링컨센터에서 코카콜라의 기자 회견이 열렸다. 로베르토 고이수에타(Roberto Goizueta) 코카콜라 사장은 700여 명의 기자들 앞에서 신제품 '뉴 코크'의 출시를 발표했다. 그는 이 자리에서 전통적인 제조법인 '코카콜라 공식(formula)'을 버리고 모든 콜라를 뉴 코크로 대체하겠다고 했다. 뉴 코크는 기존의 톡 쏘는 맛과는 다르게 단맛을 더욱 가미한 콜라였다. 사전 조사를 해보니 뉴 코크의 맛이 기존의 코카콜라는 물론이고 펩시콜라보다 낫다는 결과가 나오면서 경영진은 자신감이 넘쳤다. 인쇄광고의 '론칭' 편(1985)에서도 콜라의 맛을 환기하는 헤드라인을 사용했다. "미국의 맛이 더 좋아졌습니다(America's taste just got better)." 맛을 강조하면 펩시에게 빼앗긴 시장을 되찾아올 수 있으리라는 기대감이 반영된 헤드라인이었다.

뉴 코크의 텔레비전 광고 '론칭' 편(1985)에는 한국인들에게도 친숙한 미국 코미디언 빌 코즈비(Bill Cosby)가 광고 모델로 등장했다. 광고가 시작하자마자 그는 나지막한 목소리로 아예 대놓고 펩시 소비자들을 호명한다. "펩시 마시는 분들은 주목하세요. 지금까지의 코카콜라 중에서 가장 좋고 새로운 맛을 소개합니다." 그는 뉴 코크를 한 모금 마시고 나서 이어 말한다. "제가 말하려고 했던 모든 맛이자, 제

America's taste just got better.

Coke is it!

뉴 코크 인쇄광고 '론칭' 편

가 말해야 할 모든 맛이네요. 정말이지 말이 필요 없어요. 이거 진짜 좋네요." 그다음 장면에서는 앞에서 자기도 모르게 감탄사를 연발했다는 듯, "미안해요. 정말 미안해요. 휴……"라고 하면서, 마지막 한 방울까지 다 넘기겠다는 듯 한껏 목을 뒤로 젖히며 콜라를 마신 후에 맛을 음미한다. 광고는 코즈비의 미소를 보여주며 "Coke, is it!"이라는 자막과 함께 끝난다. 재치 있는 표정 연기로 뉴 코크의 대변인 역할을 충분히 수행한 코즈비는 1985년 한 해에 무려 10편의 코카콜라 광고에 출연했다.

뉴 코크 텔레비전 광고 '론칭' 편

적극적인 마케팅 활동을 전개한 덕분에 뉴 코크를 향한 첫 반응은 좋았다. 출시 이틀 만에 미국인의 80퍼센트가 신제품을 인지했고, 뉴 코크를 무료로 시음해본 소비자의 75퍼센트가 구매하겠다고 답했으며, 매출액도 전년에 비해 8퍼센트나 성장했다. 하지만 거기까지였다. 며칠 지나지 않아 코카콜라 본사가 있는 조지아주 애틀랜타를 비롯한 미국의 남부 지역을 중심으로 "이런 걸 왜 만들었죠?", "이전 코카콜라는 왜 안 나와요?" 같은 항의가 빗발쳤다. 언론이나 텔레비전 토크쇼에서도 불만 여론이 비등했고 야구장의 전광판에 뉴 코크 광고가 나올 때마다 관중의 야유를 받았다. 뉴 코크의 수송 트럭이 사람들의 공격을 받는 사건도 언론에 보도되었다. 심지어 쿠바의 카스트로(Fidel Castro)조차 뉴 코크의 출시는 미국 자본주의가 퇴폐하는 신호탄이라고 혹평했다.

고심을 거듭하던 코카콜라 경영진은 뉴 코크를 선보이고 나서 불과 두 달여 후인 7월에 '코카콜라 클래식(Coca-Cola Classic)'이라는 브랜드로 기존의 콜라를 다시 생산하겠다고 발표했다. 발표 전까지 코카콜라의 소비자센터 '1-800-GET-COKE'에는 40만 건의 항의 전화와 편지가 쇄도했다. 소비자센터에 걸려온 전화를 청취한 한 정신과 의사는 전통적인 콜라의 단종을 마치 가족의 죽음처럼 이야기하는 사람도 있었다고 회고했다. 코카콜라 클래식이 발표되자 미국 ABC 방송은 당시 인기 드라마 〈종합병원(General Hospital)〉의 방영을 잠시 중단하고 간판 앵커 피터 제닝스(Peter Jenning)를 내세워 코카콜라의 부활 소식을 전했다. 코카콜라 본사에는 해당 결정이 "미국 역사의 의미 있는 순간"이라며 격려하는 전화가 이틀 동안 3만 1600건이나 줄을 이었다고 한다.

뉴 코크는 출시된 지 석 달 만에 시장에서 철수했고, 그 후 조금씩만 생산되다가 2002년부터는 시장에서 완전히 사라졌다. 뉴 코크는 최악의 마케팅 사례로 손꼽히며 여러 경영대학원에서 실패 사례를 연구할 때 자주 거론되는 단골 메뉴가 되었다.[6] 철저한 사전 조사 결과를 바탕으로 신제품을 출시했는데 왜 실패했을까? 언제나 그렇듯이 설문 조사는 사람들의 속마음 깊은 곳까지 완전히 보여주지 못한다. 사전 조사 때 다들 맛있다고 대답했더라도, 어디까지나 그것은 일회성 맛 테스트의 순간에 나타난 응답이다. 사람들은 맛의 변화보다 코카콜라의 변하지 않는 전통이나 애착이 가는 추억을 마실 수도 있는데, 코카콜라 경영진은 그것을 간과했다. 즉, 브랜드 애착(brand attachment)이라는 개념을 놓친 셈이다.

인간은 누구나 애착의 대상이 하나쯤은 있기 마련이다. 미국의 기호학자 아서 아사 버거(Arthur Asa Berger)는 인간의 일상생활에서 중요한 역할을 하는 기호품이 애착의 대상이라고 했다.[7] 미국을 두고 '코카콜라의 제국'이라는 말도 있듯이 코카콜라는 미국인에게 음료 이상의 것으로 추억이자 애착의 대상이라 할 수 있다. 뉴 코크가 출시되자 한동안 오리지널 코카콜라를 둘러싼 사재기와 암시장이 성행했을 정도로 코카콜라에 대한 미국인들의 애착은 대단했다. 워터게이트 사건과 베트남전쟁의 패배로 수렁에 빠져 있던 1985년 무렵의 미국인들은 100년 역사의 브랜드 코카콜라가 바뀌지 않기를 바랐던 것이다.

꼭 필요하다면 새로운 것도 있어야겠다. 하지만 반드시 새로워져야 할 필요는 없다. 인생 경영에서든 기업 경영에서든 새롭지 않은 오리지널이 더 좋을 때도 많으니까. 새롭다고 다 좋은 것만은 아니다. 옛 친구가 더 좋듯이 말이다.

10 카산드라 증후군과 속도 조절의 교훈

정말로 약이 되는 말인 것은 알지만 듣는 당시에는 귀에 거슬려 받아들이고 싶지 않은 경우가 있다. 제품 자체는 좋은지 알겠는데 왠지 남들보다 앞서 구매하기는 꺼려지는 경우도 많다. 시대를 너무 앞서간 탁월한 제품이나 기술이 시장에서 외면받아 실패한 사례가 너무 많다. 세상사에는 다 때가 있는 법이니, 타이밍이 모든 것을 결정한다고 해도 과언이 아니다. 이것이 바로 모든 일에 속도 조절이 필요한 이유다.

1993년에 펩시가 선보인 무색콜라(clear cola) '크리스털 펩시(Crystal Pepsi)'도 제품 자체는 좋았지만 소비자의 호응을 얻지 못했다. 짙은 갈색 음료에 길든 소비자들에게 카페인과 색소 없는 무색 콜라가 건강에 좋다고 강조했지만 고정관념의 벽을 넘지 못했다. 출시 초기에는 잠깐 인기도 얻었지만 콜라의 원래 이미지에 익숙했던 소비자들은 외면했고 시장에서 사라지고 말았다.

크리스털 펩시의 텔레비전 광고 '지금' 편(1993)을 보자. 광고가 시작되면 아이 두 명이 물속에서 움직이는 가운데 "지금 자연은 과학보다 더 나은 것에 투자하고 있습니다"라는 자막이 떠오른다. 광고 전체에서 어떠한 내레이션도 없이, 배경음악으로 밴 헤일런(Van Halen)의 「지금(Right Now)」이 계속 흐르는 가운데 자막만 등장하고 사라지기를 반복한다. 시계와 함께 "지금 미래가 당신보다 한발 앞서갑니다"라는 자막이 흐르고, 다시 지구 표면을 떠도는 우주인과 더불어 "지금 당장 카페인이 없어도 좋아"라는 자막이 흐른다. 꽃들 사이로 "지금 우리 모두는 뭔가 다른 것에 목마르다"가 나오는가 싶더니, "지금 당신은 당신이 왜 아무것도 볼 수 없는지 궁금해합니다"라는 단독 자막이 떠오른다. 펩시 병이 물속으로 떨어지며 크리스털 펩시를 소개하는 자막이 큼지막하게 등장하자, 한 여성이 "지금은 분명히 다르다"라는 자막과 함께 무색 콜라를 마시고, 운동하던 남성이 콜라를 마시자 "누군가 미래의 맛을 지금 막 마시고 있다"라는 자막이 눈에 들어온다. "이런 맛 처음이야(You've never seen a taste like this)"라는 자막으로

크리스털 펩시 '지금' 편

마무리하며 광고가 끝난다.

이 광고에서는 음료 광고의 감성적인 카피 대신에 투박한 스타일의 카피가 사용되었다. 무색 콜라의 소비자 혜택을 강조하기보다 콜라의 역사를 바꾼다는 내용으로 호소했다. 하지만 이런 방식은 실패할 가능성이 높은 접근법이다. 투명한 무색 콜라를 두고 혁신 상품이라며 화제가 되었지만 소비자들은 구매하기를 망설였다. 기존의 콜라 맛에 익숙해진 소비자들은 크리스털 펩시가 일반 콜라보다 밍밍한 맛이라며 어색하게 받아들였다. 기존의 콜라와 다른 혁신 제품이라는 점을 강조하기 위해 "누군가 미래의 맛을 지금 막 마시고 있다(Right now someone just got a taste of the future)"라는 카피까지 썼지만, 소비자들은 귀담아듣지 않았고 결국 출시 1년 만에 시장에서 사라지고 말았다.

크리스털 콜라의 마케팅 실패담은 '카산드라 증후군(Cassandra syndrome)'으로 설명할 수 있다. 분명히 좋은 제품인데도 세상이 알아주지 않아 아무도 설득시킬 수 없다면 카산드라 증후군에 감염된 것이다. 아킬레우스와 헥토르가 싸웠던 트로이에는 카산드라라는 미녀 공주가 살았다. 공주는 아폴론에게서 예언의 능력을 받았지만 그의 사랑을 거절한 대가로 설득력을 빼앗겼다. 공주는 트로이 전쟁을 예언하며 그리스군이 남겨둔 거대한 목마가 재앙을 가져올 것이라고 말했지만 아무도 귀담아듣지 않았다. 목마를 성안으로 들여보내서는 안 된다는 그녀의 예언을 무시한 트로이는 결국 멸망하고 말았다. 전쟁이 끝난 후에 그리스군의 총사령관 아가멤논의 전리품이 된 공주는 귀국하면 죽을 것이라며 그를 설득했지만 또 한 번 무시당했다. 귀국 후 아가멤논은 아내에게 살해되었고 카산드라도 함께 죽임을 당했다.[8] 카산드라의 예언처럼, 진정성이 있는 좋은 제품이라도 사람들이 받아들이지 않으면 실패할 수밖에 없다.

2015년 3월에는 크리스털 펩시의 열성 팬이었던 케빈 스트랄레(Kevin Strahle)라는 사람이 L.A.비스트(L.A. Beast)라는 자신의 트위터(Twitter) 계정으로 크리스털 펩시의 복귀 청원 운동을 시작했다. 223만여 명의 구독자를 보유한 유튜브(YouTube) '먹방(먹는 방송) 스타'이기도 한 스트랄레는 곧 3만 7000여 명의 서명을 받았다. 그리고 유통기한을 20여 년이나 넘긴 크리스털 펩시를 마시고 토하는 영상을 유튜브에 올리고, 6월에는 공원에서 크리스털 펩시의 지지자 모임도 개최했다. 열성 팬의 적극적인 활동에 감동한 펩시는 2015년 6월 스트랄레에게 공식 서한을 보냈다. 그리고 2015년 11월에 펩시는 자사의 트위터 계정을 통해 크리스털 펩시의 재출시를 암시하는 메시지를 올렸다.[9] 그후 펩시는 2016년 7월 이후 한정된 기간 동안 캐나다와 미국에서 크리스털 펩시를 판매한다고 발표했다. 카산드

케빈 스트랄레에게 보낸 펩시의 공식 서한

라의 예언이 적중하자 흫 사람들이 ᅵ광했듯이, 크리스털 펩시 ᅳ 2016년부터 시ᄀ ᅥ 열렬한 호응을 ᄋ었다.

ᅳ 리스털 ᅵ시의 텔레비전 광고 ᅵ백' 편(2017)은 2015년 3월에 크리ᄼ ᅵ 펩시ᄀ ᅩ까를 호소하는 트위터 청원 운동이 시작된 이후에 나온 펩시의 공식 광고다. "1990년대를 사랑하자"라는 자막으로 시작한 광고에서는 1990년대와 관련된 이런저런 메시지가 전체 분위기를 이끌어간다. 크리스털 펩시콜라 병이 클로즈업되고, 스마트폰이 아닌 1990년대의 전화기를 이용해 통화하는 여성이 등장한다. "주주(Juju)는 크리스털 펩시를 좋아한다"라는 자막에 이어, "1990년대에는 모든 게 더 좋았다"라는 자막이 당

크리스털 펩시 '컴백' 편

시의 AT 컴퓨터 화면을 통해 등장하고, 투박한 시계와 함께 "한 정된 시간 동안"이라는 자막이 흐른다. 다음 장면에서 크리스털 펩시를 1990년대의 제품으로 소개하면서, "돈(Don)은 크리스털 펩시가 계속 생산되지 않는다는 사실을 안다"라는 메시지를 전 달한다. 끝으로 "1990년대를 맛볼 마지막 기회(Last chance to taste the 90s)"라는 자막이 나오며 광고가 마무리된다.

　너무 뒤처져도 문제지만 너무 앞서가도 제품이 실패할 가능 성이 높다. 카페인이 없는 무색 콜라가 건강에 좋다고 아무리 강 조한들 기존의 콜라색에 고착된 소비자들의 마음을 얻지 못했던 1990년대의 사례는 깊은 교훈을 남겨준다. 만약 웰빙(well-being) 을 강조하던 2010년쯤에 크리스털 펩시와 같은 제품이 출시되었 다면 전혀 다른 결과가 나왔을지도 모를 일이리라. 그래서 경영 자가 내리는 의사 결정에는 속도 조절이 가장 중요하다. 우리 인 생이나 일상생활에서도 마찬가지 아니겠는가? 그 말은 그때 했 어야 했고, 그 말은 그때 하지 말았어야 했다는 것을, 우리는 안 타깝게도 나중에 가서야 불현듯 깨닫는다.

11 부드러운 카리스마가 결국엔 이긴다

부드러운 카리스마.

지도자에게 필요한 덕목으로 '부드러운 카리스마'가 곧잘 꼽히지만 그런 자질을 갖추기란 말처럼 쉽지 않다. 사람들을 부드럽게만 대하면 너무 쉽고 편한 상대로 보고, 반대로 항상 강하게만 대하면 너무 어려워하며 쉽게 마음을 열지 않기 때문이다. 부드러운 카리스마가 자연스럽게 형성된다면 좋겠지만 성과주의를 중시하는 경영자에게는 쉽지 않은 일이다. 어떻게 해야 부드러우면서도 강한 카리스마가 느껴지는 인간관계를 만들어낼 수 있을까?

물론 정답은 없다. 늘 강해서도 안 되고 늘 부드러워서도 안된다. 사안의 중요성과 각각의 경우에 맞춰가며 강한 감정과 부드러운 감정을 병행할 필요가 있으리라. 광고 전략도 마찬가지다. 브랜드 이미지의 영토를 한 뼘이라도 넓히기 위해 지구전을 벌이다가 갑작스레 전격전으로 전환하기도 하고, 심리전을 벌이는가 싶더니 어느새 화력 무기를 앞세운 정규전을 일으키기도 한다. 외유내강(外柔內剛) 역시 말은 참 좋지만 실천하기란 쉽지 않다. 리즈(liz) 패션 광고를 통해 강함과 부드러움이 어떻게 형상화되는지 살펴보자.

브라질의 의류 브랜드 리즈는 '강한 부드러움'이라는 콘셉트를 바탕으로 타이츠와 스타킹(Tights and Stockings) 광고 네 편(1993)을 시리즈로 내놓았다. 리즈는 자신들의 타이츠와 스타킹이 재질은 질기고 튼튼하지만 감촉은 매끄럽다는 점을 강조해 '강함'과 '부드러움'으로 이미지화하고자 했다. 이를 위해 광고 지면을 위아래로 나눠 강함과 부드러움을 비교했다. 강함과 부드러움이라는 서로 상반되는 의미가 조화를 이루기 어렵고 자칫하면 말장난에 그칠 우려가 있는데도 리즈는 이 광고에서 브랜드 이미지의 영토를 넓히기 위해 조용히 쿠데타를 일으켰다. 여성 대상의 광고에서 모델을 대부분 남성으로 쓴 점이 이채롭다. 여성이야말로 강한 부드러움의 보유자라는 점을 은연중에 나타내며 세상을

리즈 스타킹 '군인들' 편(왼쪽 위), '정치가' 편(오른쪽 위),
'스모 선수' 편(왼쪽 아래), '찰스와 다이애나' 편(오른쪽 아래)

이끄는 주역이라는 의미를 담아냈다.

먼저 '군인들' 편을 보자. 군인과 스타킹은 전혀 어울리지 않
는 소재다. 상반신 부분을 보면 당장이라도 적을 향해 달려들 것
같은 군인들의 눈동자가 매섭다. 모두 최신식 화력 무기로 무장
한 채 어디론가 뛰어가고 있다. 그런데 아래쪽을 보니 전투화를
신지 않았다. 리즈 스타킹을 신은 부드러운 차림이다. 이 얼마나
놀라운 상상력인가. 한순간에 현실은 전도되고 새로운 이미지의
포물선이 소비자의 심리 타점을 때리게 된다. 동(動)과 정(靜)이 행

복하게 만나며 반갑게 악수를 나누는 느낌이다.

'정치가' 편에서는 20세기 후반에 세계 정치 무대를 주물렀던 부시(George H. W. Bush), 레이건(Ronald Reagan), 고르바초프(Raisa Maksimovna Gorbachev) 대통령이 등장한다. 모두 정장 차림인 이들은 세계 시민에게 평화의 메시지를 보내는 듯이 그윽한 눈길로 환호하는 청중을 향해 손짓하고 있다. 그런데 지면 아래쪽을 보면 대통령들은 정장이 아닌 부드러운 리즈 스타킹을 신고 있다. 누구라도 한 번쯤은 주목할 만한 중량급 모델들을 모셔다 놓고는, 이렇게 희화해도 되는 것일까? 하지만 이렇게 표현한 광고는 패션 이미지 전쟁터에서 리즈 스타킹을 위해 용감히 싸워줄 전사가 된다.

'스모 선수' 편 역시 엉뚱하기는 마찬가지다. 일본에서 최고의 스타로 대접받는 스모 선수들에게 스타킹은 어울리지 않는 물건이다. 일반 성인 남자의 허리보다 굵은 스모 선수들의 다리가 들어갈 만한 스타킹은 아마 세상에 존재하지 않을 터이다. 선수두 명이 엉겨서 젖 먹던 힘까지 모아 용을 쓰고 있는데, 아래쪽 다리는 역시 리즈 스타킹 차림이다. 즉, 이들의 강함 속에도 부드러운 일면이 있으며 부드러운 맛으로 살아간다는 것을 이런 이미지

형식으로 구체화했다.

'찰스와 다이애나' 편은 다이애나(Diana Spencer) 왕세자비가 살아 있을 때 만든 것인데 지금 봐도 역사적인 드라마가 느껴지는 광고다. 유명인을 쓰되 시선이 모델 쪽으로만 집중되지 않도록 처리한 점이 돋보인다. 함께 생활하면서도 늘 불편한 관계였던 찰스(Charles) 왕세자 부처는 이 광고에서도 유달리 멀찍이 떨어져 있다. 광고 창작자들의 섬세한 감각의 촉수는 내밀한 부분도 놓치지 않았다. 문제가 있는 관계에서도 리즈 스타킹은 얼마든지 쓸모가 있고 그렇게 강하게만 나가지 말고 좀 부드럽게 대하라는 메시지를 이렇게 전달했다.

리즈 스타킹 광고에서는 부드러운 카리스마가 느껴진다. 광고가 나간 후에 브라질 시장에서 리즈 스타킹의 매출액은 14퍼센트나 증가했다. 광고회사 DM9DDB의 브라질 상파울루 지사에서 제작한 이 광고는 창의적인 표현 기법을 인정받아 1993년 칸 라이언즈에서 은상을 수상하기도 했다. 패션광고에서는 감각적인 언어 구사가 필요하지만 절제된 표현 역시도 중요하다. 미니멀리즘의 선두 주자로 널리 추앙받는 독일의 패션 디자이너 질 샌더(Jil Sander)는 "가장 많이 표현하는 방법은 가장 적게 나타내는 것"이라고 말한 바 있다. 리즈의 시리즈 광고는 절제된 표현을 바탕으로 매출 증대와 광고제 수상이라는 두 마리 토끼를 동시에 잡는 데 성공했다.

기업을 경영하며 강하게 대하지 않고도 상대방이 행동하도록 한다면 그보다 좋을 수는 없다. 부드럽게 지시해도 강하게 지시할 때보다 직원들이 더 진중하게 일에 임한다면 얼마나 좋을까? 하지만 현실에서 그런 일은 쉽게 일어나지 않는다. 그렇다면 경영상 비효율적이라는 이유로 부드러움을 포기하고 강함으로 일관해야 할까?

결코 그렇지 않다. 훌륭한 경영자라면 모름지기 상대방의 다른 면모를 포용하는 유연한 사고를 바탕으로 자신만의 부드러움을 보여주도록 계속 노력해야 한다. 다만 절대로 유약하게 보여서는 안 된다. 부드러운 카리스마를 보이기 정 어렵다면 유약함보다는 강한 리더십이 낫겠다. 다만 항상 강한 리더십만으로 일관한다면 조직이 일사분란하게 돌아가기는 하겠지만 사람들의 마음까지 얻을 수는 없을 것이다. 따라서 쉽지는 않지만 상대방의 마음까지 얻는 부드러운 카리스마를 추구하려는 노력은 끝까지 포기해서는 안 된다. 결국에는 부드러움이 강함을 이긴다.

12 변화도 좋겠지만 변화가 필수는 아니다

일상생활에서나 경영 현장에서 정말 자주 듣는 단어 중의 하나가 바로 '변화'다. 변화는 거의 모든 취임사의 단골 주제인데, 전임자의 취임사에서도 있었을 이 말은 후임자의 인사말에도 어김없이 등장한다. 기업이 새해 시무식을 할 때 내놓는 신년사는 물론이고 가정에서 부모가 자식에게 전하는 새해 덕담에도 곧잘 쓰인다. 진화론을 제창한 다윈(Charles Darwin)은 일찍이 "살아남는 것은 가장 강한 종이나 가장 똑똑한 종이 아니라, 변화에 가장 잘 적응하는 종이다"라고 말했다. 이처럼 이런저런 자리에서 강조되는 변화라는 말은 환경에 잘 적응해야 한다는 뜻으로 쓰이는 듯하다.

하지만 제정 러시아의 대문호 톨스토이(Leo Tolstoy)는 일찍이

"모든 사람이 세상을 변화시키는 것을 이야기하지만 그 누구도 자신을 변화시키는 것은 생각하지 않는다"라고 설파했다. 변화가 말처럼 쉬운 일이 아니라는 것이다. 그래서 경영학에서는 '변화 관리(change management)'라는 분야를 설정해, 말만으로 변화를 강조하지 말고 체계적으로 관리하기를 권고하고 있다.

대개 사람들은 변화하지 않으면 큰일이라도 난다는 듯이 변화 자체를 좋게만 생각한다. 하지만 변화가 늘 좋은 것만은 아니다. 변화는 그 조건이 무르익어야 제대로 가능해지기 때문이다. 변화가 좋다고 하는 광고, 변화가 나쁘다고 하는 광고, 변화가 좋지도 나쁘지도 않다는 광고를 각각 비교해보자.

액센추어 컨설팅(Accenture Consulting)은 광고 '부등호' 편(2013)을 통해 변화는 좋은 것이라고 강조했다. "변화는 좋다. 변형은 훨씬 더 낫다(CHANGE IS GOOD. TRANSFORMATION IS EVEN BETTER)"라는 헤드라인으로 기업의 변화를 촉구하고 있다.[10] 액센추어 컨설팅은 기업의 경영전략, 컨설팅, 디지털 사업과 기술, 정보기술 서비스, 보안 사업 등을 지원하는 미국의 다국적 경영 컨설팅 기업이다. 이 밖에도 리더십 개발이나 멘토링 프로그램 분야도 우수하다. 1989년 설립했고 현재는 아일랜드 더블린에 본사가 있

액센추어 컨설팅 '부등호' 편(왼쪽 위)
탈그룹 '돈 드레이퍼' 편(왼쪽 아래)
허쉬 초콜릿 '대머리' 편(오른쪽)

으며 총자산 182억 달러를 바탕으로 120개가 넘는 국가와 200여 개의 도시에서 컨설팅 업무를 수행하고 있다. 액센추어는 '부등 호' 광고 덕분에 유니클로(UNIQLO)를 비롯한 다수의 글로벌 기업 을 고객으로 확보한 것으로 알려졌다.

반면에 허쉬(Hershey's)가 내보낸 초콜릿 바(Chocolate Bar) 광고 '대머리' 편(1999)에서는 변화는 나쁘다며 상식을 뒤집었다. 이 광고에서는 한 남자가 머리카락이 빠지며 대머리로 변해가는 과정을 세 컷의 사진을 통해 풍자적으로 제시하고 있다. 이 사진들은 바로 아래의 "변화는 나쁘다(CHANGE IS BAD)"라는 짧은 헤드라인과 만나는 순간 곧바로 상품 메시지로 연결되며 1899년부터 지금까지 한결같이 변치 않은 허쉬 초콜릿의 진가를 더욱 돋보이게 하는 시각 수단으로 작용한다. 풍자적인 사진과 짧은 카피 한 줄을 아이디어로 사용해 시종일관 같은 맛을 유지해온 허쉬 초콜릿의 가치를 제고하는 한편, 소비자를 향해 다른 초콜릿으로 쉽사리 바꾸지 말라는 광고 메시지도 동시에 전달하고 있다. 이 광고를 비롯해 허쉬는 같은 주제의 시리즈 광고를 내보내면서, 초콜릿의 성분이나 맛이 100년 동안 바뀌지 않은 것이 얼마나 소중한 가치인지 소비자에게 각인시켰고 자연스럽게 매출액도 27퍼센트나 증가했다.

탈그룹(TAL Group)의 광고 '돈 드레이퍼' 편(2009)에서는 변화는 좋은 것도 나쁜 것도 아니라는 사실을 환기했다. 헤드라인은 다음과 같다. "변화는 좋지도 나쁘지도 않다. 변화는 그저 변화일 뿐이다(CHANGE IS NEITHER GOOD OR BAD. IT SIMPLY IS)." 이 광고에는 미국에서 2009년부터 방영되어 크게 인기를 모은 드라마

〈매드맨(MAD MEN)〉의 등장 캐릭터 돈 드레이퍼(Don Draper)가 등장한다. 드라마는 1960년대 뉴욕의 매디슨 애비뉴에 밀집해 있던 광고회사들을 소재로 한 것인데, 스타 광고 기획자인 돈 드레이퍼의 성공과 내적인 방황을 그린 이야기다. 제목인 〈매드맨〉은 매디슨 애비뉴(Madison avenue)와 광고인(ad men)의 합성어이자 당시에 잘나가던 광고인들을 매드맨(미친 남자)이라 불렀던 데서 유래한 중의적인 표현이라고 한다.

1999년에 창립된 세계적인 리크루팅 회사인 탈그룹[11]은 광고에 돈 드레이퍼를 등장시켜 변화는 좋지도 나쁘지도 않으며 그저 어떤 사람을 채용하느냐에 달려 있는 간단한 문제라고 주장했다. 모바일과 정보기술 분야에서 인재를 발굴하는 회사답게 사람의 연결 문제를 부각시킨 점이 돋보인다.

전문가들은 변화에도 관리가 필요하다고 역설한다. 존 코터(John Kotter) 등이 쓴 『경쟁력 있는 조직을 만드는 변화관리(HBR's 10 Must Reads on Change Management)』(2015)에 따르면 기업 혁신의 70퍼센트가 일회성 이벤트가 아닌 여러 단계를 거치는 성장 과정이라고 했다.[12] 변화 관리란 기업에서 일어나는 중대한 변화를 기업 성과가 향상되는 방향으로 관리하는 실천 행위다. 경영 환

$$C = D \times V \times F \ > \ R$$

Change   Dissatisfaction   Vision   First step   Resistance

경의 변화에 알맞게 조직의 구성 요인을 변화에 적합한 방향으로 통합하는 노력이 중요하다. 조직개발과 조직변화 분야의 대가인 리처드 베카드(Richard Beckhard)와 루번 해리스(Reuben T. Harris)가 제시한 '변화 방정식(Change Equation)'에서 흥미로운 통찰을 얻을 수 있다.

이른바 변화 방정식에서 C는 변화(Change), D는 현재의 불만족 정도(Dissatisfaction), V는 도달하고자 하는 비전(Vision), F는 변화하기 위해서 실천하는 첫 번째 조치(First step), R은 변화에 대한 저항(Resistance)을 의미한다. 세 가지 요소를 곱한 값이 변화에 대한 저항보다 커야만 확실한 변화가 이뤄진다. 구성원들의 불만족 정도가 강하지 않거나, 달성하고자 하는 비전이 명확하지 않거나, 변화하기 위해 실천하는 첫 번째 조치가 실현될 가능성이 낮으면 변화는 일어나지 않는다.[13]

경영자들이여, 변화라는 말을 너무 남발하지 말자. 조직 구성원들 입장에서는 너무 자주 들어온 말이라 심리적인 내성이 생겨 어지간해서는 마음이 움직이지 않는다. 변화 방정식을 잘 이해하고 변화를 유발하는 세 가지 요소를 충분히 파악한 다음에 독려해도 늦지 않다. 어쩌면 변화가 상황을 더 나쁘게 만들 수도 있으니까. 허쉬 초콜릿처럼, 아늑한 사랑처럼, 변하지 않는 것이 더 좋을 때도 많으니까.

진심 어린
소통이
답이다

Business Insights Learned through Advertising

13 언제나 통하는 '연락 버튼' 하나씩을

화급한 일이 생겼는데 꼭 전화를 받아야 할 사람이 연결되지 않는 경우가 종종 있다. 마음은 급한데 연락이 안 되어 난감한 경우를 누구나 한 번쯤은 경험했으리라. 제대로 된 문제 해결은 차치하고 급한 대로 응급조치라도 해야 하는 상황인데 아무것도 하지 못하고 떡심이 풀려버리는 경우도 많다. 보통 사람들도 이럴 텐데 기업 경영자가 이와 같은 응급한 상황에 봉착하기라도 하면 연결되지 않은 시간만큼 고스란히 회사 전체의 손실로 이어지기 마련이다.

사람을 믿지 못해 아무에게도 권한을 위임하지 않고 모든 정보를 혼자 쥐고 있는 경영자라면 더더욱 위험하다. 외국 출장 중에 납치되거나 불의의 교통사고를 당하거나 그 이상의 위기에 봉착할 수도 있다. 아니면 깜빡 잊고 처리하지 못한 회사 일이 불현듯 생각났는데 연결이 안 되어 처리할 방법이 없다면 정말로 문제가 심각해진다. 어디에서 무슨 일이 벌어지건 간에 회사 시스템이나 최측근과 연결할 수 있는 수단을 마련해놔야 하는데, 그러지 않는 경영자들이 의외로 많다.

스웨덴에서 집행된 포르툼(Fortum Oyj)의 광고 '팔 늘이기' 시리즈(2013)를 보자. 인쇄광고 네 편과 옥외광고 한 편으로 구성된 이 시리즈 광고는 신문의 양면 전체를 광고 지면으로 활용해 팔을 길게 늘려 과장되게 표현했다. 핀란드의 최대 에너지 기업 포르툼의 스웨덴 지사가 스웨덴 광고회사 가르베리스(Garbergs)에 의뢰해 제작했다. 아트 디렉터 에리크 당넬(Erik Dagnell)의 아이디어가 돋보이는 광고로 특히 완성도가 높아 소비자의 주목을 끌었다. 네 편의 인쇄광고 모두에 "포르툼 모바일 기기로 어디에서든 집을 제어하세요(Control your home from anywhere with Fortum Mobile Solutions)"라는 똑같은 헤드라인이 들어갔다.

먼저 인쇄광고들을 보자. 첫 번째 광고에서는 치과 의사인 엄마가 진료를 하다가 문득 텔레비전 앞에만 앉아 있을 아이들 생각이 떠올라 원격으로 텔레비전을 끄고 있다. 소파에 앉아 텔레

포르툼 인쇄광고 시리즈 '팔 늘이기' 1~4편
과 옥외광고 '팔 늘이기' 편(맨 아래)

비전을 보고 있는 아이들의 뒷모습이 재미있다. 두 번째 광고에
서는 밖에서 여성을 만나 대화를 나누던 남자가 거실 등을 끄지
않고 나왔다는 생각이 문득 떠올랐는지 팔을 거실까지 길게 늘어
뜨려 전등을 끄고 있다. 세 번째 광고에서는 아케이드 게임의 일
종인 핀볼(Pinball)에 빠져 있던 남자가 전기다리미의 플러그를 그

대로 꽂은 채 나왔다는 생각이 들었는지 팔을 길게 늘려 플러그를 뽑는다. 네 번째 광고에서는 세 번째 광고와 같은 장면을 배경으로 활용하면서 지면 중앙에 원격제어(remote control) 시스템에 대해 많은 분량의 카피를 사용해 상세히 설명하고 있다. 옥외광고에서는 두 번째 광고에서 사용한 소재를 양쪽 끝에 배치하고 그 사이에 스웨덴의 전원 풍경, 사하라사막, 모스크바 크렘린궁의 사진을 끼워 넣으면서 원격 조정이 주는 혜택을 과장해서 표현했다.

포르툼은 1998년에 설립된 핀란드의 최대 에너지 기업이다. 이탈리아의 에넬(Enel SpA), 스페인의 이베르드롤라(Iberdrola SA)와 더불어 신재생 에너지 분야를 주도하는 세계 3대 기업이다. 포르툼의 전신인 이마트란 보이마(Imatran Voima)는 핀란드 각지의 수력 발전소를 운영하기 위해 1932년에 설립되었다. 그 후에 성장을 거듭해온 결과 오늘날 포르툼은 에너지 분야를 주력 사업으로 삼고 모바일 원격제어 시스템을 추가해, 북유럽과 발트해 인근의 국가는 물론이고 폴란드와 러시아를 넘어 인도까지 진출했다.[1]

이 광고의 핵심 메시지는 한눈에 알아볼 수 있을 터이다. 뛰어난 원격제어 시스템을 가동하는 원격 기술의 우수성을 일발필도(一發必倒)의 아이디어로 구체화했다. 기계를 사람의 손발로 직접 조작하지 않고 어떤 장치를 사용해 간접적으로 조작한다는 개념이 바로 원격제어다. 이제 원격제어는 인간 생활의 구석구석에 속속들이 스며들었다. 원격 기술은 컴퓨터, 모바일, 스마트폰을 비롯한 모든 정보·통신 기기에 스며들어 이동 시간과 비용을 들이지 않고도 사람들을 하나로 통하게 할 수 있다.

원격제어의 장점은 실제 현장에 있지 않아도 현장을 마음먹은 대로 조정할 수 있다는 것이다. 기업 경영자가 출장을 가서 회사에 없어도 광고에서처럼 팔이 길게 늘어나지는 않지만, 마치 그런 것처럼 회사에서 처리해야 할 문제를 원격으로 해결할 수 있다. 치과 의사가 진료를 하면서 슬쩍 원격제어를 하듯이, 멀리 출장을 떠난 곳에서 현지 업무를 하는 중에 문득 떠오른 놓친 일들을 호들갑 떨지 않고 슬쩍 처리할 수도 있다.

세상이 이토록 좋아졌는데도 연결 시스템을 구축하는 데 무심한 경영자가 많다. 만약 어떤 긴급사태가 발생하면 경영자 스스로 또는 동행한 비서가 스마트폰으로 통화하면서 모두 해결할 수 있을까? 천만의 말씀이다. 외국 현지에서 납치되거나 교통사고를 당한다면 어떻게 대처할 것인가? 납치되면 가장 먼저 스마트폰부터 빼앗길 테니, 적어도 회사 핵심 인사의 전화번호 하나쯤은 외워두거나 메모라도 해둬야 하지 않을까?

하지만 그보다 중요한 것은 어떠한 상황에서도 연결되는 연락 시스템을 체계적으로 마련하는 일이다. 연락 시스템의 매뉴얼을 구조적으로 짜놓을 필요도 있다. 트럼프나 김정은이 자신들의 책상에 핵 단추가 놓여 있다고 서로에게 엄포를 놓듯이, 책임 있는 경영자라면 어떠한 경우에도 접속되는 '연락 버튼'을 만들어놓고, 필요할 때 자기 손으로 그 버튼을 눌러 접속해야 한다. 스마트폰의 단축 번호는 연락 버튼의 원시적인 형태다. 경영자가 아닌 일반 시민들도 언제 어디서든 연결되는 연락 버튼이 필요하지 않을까 싶다. 우리 모두는 누군가의 부모이거나 자식이거나 형제자매이거나 친구이거나 애인이니까. 지금 당신의 마음속에 떠오른 '연락 버튼'은 누구인가?

14 갈수록 예의를 갖춘 이별이 소중하다

기업 오너가 아닌 이상에야 누구나 언젠가는 직장에 사표를 쓰는 날이 온다. 사표를 쓰지 않더라도 정년을 맞으면 언젠가는 그 일터를 떠나야 한다. 그뿐이겠는가? 사람 사이에도 만남이 있으면 헤어짐도 있다. 만해 한용운 시인은 "우리는 만날 때에 떠날 것을 염려하는 것과 같이 떠날 때에 다시 만날 것을 믿습니다"라는 시구로 유명한, 「님의 침묵」(1926)이라는 절창을 남겼다. 우리는 고교 시절에 이 대목을 회자정리(會者定離)의 사상이라고 배웠다. 그렇다. 언젠가 우리 모두는 일터에서 헤어지게 된다. 그날이 오면 우리는 사랑하는 사람들과도 헤어지게 되리라.

경영자는 사직서를 내고 떠나겠다는 직원들과 어떤 방식으로 이별해야 할까? 퇴사하고 나온 사람이 전에 일하던 직장에 대해 험담을 늘어놓는 경우가 뜻밖에도 많다. 만약 경영자가 이별하는 순간에 처신을 잘했다면 심한 말은 나오지 않을 터이다. 언론인 김선주 선생의 『이별에도 예의가 필요하다』(2010)는 책 제목처럼, 모든 이별의 순간마다 예의를 다해 헤어져야 한다.[2] 안타깝게도 그렇게 하지 못한 탓에 뒷날 헤어짐의 흉터가 더 크게 남고 만다. 여러 광고를 통해 바람직한 이별의 방식에 대해 생각해보자.

볼보자동차(Volvo Cars)의 볼보 544 모델의 마지막 광고 '안녕' 편(1966)에서는 오래된 자동차가 하나 눈에 들어온다. "친구여, 안녕(Farewell, old friend)"이라며 볼보를 의인화해 친구라고 표현한 헤드라인이 인상적이다. 미국에서 집행한 광고지만 유럽 고객에게도 볼보 544의 단종을 알리고 있다. 보디카피에서는 그동안 볼보 544를 사랑해준 고객들을 결코 잊지 않겠다면서, 혁신 기술로 만든 새 모델을 선보이겠다고 약속했다.

폭스바겐(Volkswagen)자동차의 소형차 비틀(Beetle)의 '안녕' 편(2004)에서도 작은 자동차 하나가 놓여 있다. "작은 것을 생각하세요(Think Small)"라는 비틀의 론칭 광고 때와 똑같은 위치에 차를 배치했다. 헤드라인은 "안녕(Goodbye)"이다. 광고회사 DDB의

볼보 544 '안녕' 편(왼쪽)과 폭스바겐 비틀 '안녕' 편(오른쪽)

터키 이스탄불 지사에서 만들어 터키에서 집행된 이 광고는 폭스바겐 비틀이 65년 동안 고객들의 사랑을 받았음을 강조했다. 자동차를 '너'로 의인화한 "넌 결코 잊히지 않을 거야"라는 보디카피를 마지막에 넣어 흥미롭게 마무리했다.

노르웨이에서 집행된 플라이투겟 공항고속철도(Flytoget Airport Express Train)의 인쇄광고 '이별' 편(2005)에서는 작별을 아쉬워하는 연인이 가방도 내팽개친 채 진한 키스를 나누고 있다. 아래쪽을 보면 "다음 열차를 탈 수도 있다는 걸 알아두는 게 좋을 때도 있습니다. 10분마다 출발"이라는 카피가 붙어 있다. 유럽에서 가

플라이투겟 공항고속철도 '이별' 편(왼쪽)과 비트 '잘 가요' 편(오른쪽)

장 빠른 공항철도 중의 하나로 오슬로공항과 오슬로중앙역을 오
가는 플라이투겟 철도가 10분마다 출발한다는 사실을 알리기 위
해 작별의 아쉬움을 소재로 활용했다.

　제모 브랜드 비트(Veet)의 광고 '잘 가요' 편(2009)은 2001년부
터 2009년까지 미국의 43대 대통령을 지낸 부시(George W. Bush)
의 퇴임 주간(Goodbye George Bush Week)을 맞아 호주에서 집행되
었다. 새로 취임하는 대통령 오바마(Barack Obama)가 아이를 안고
있는 사진 바로 아래에 "잘 가요, 부시(Goodbye Bush)"를 헤드라인
으로 사용한 광고를 게재했는데, 시원하다는 건지 섭섭하다는 건

지, 시원섭섭하다는 건지 알쏭달쏭하다. 비트가 제모 브랜드인 만큼 부시(Bush)가 인명인 동시에 관목, 덤불, 머리털이라는 뜻이 있음을 이용한 중의적인 광고는 아닐까? 분명한 점은 제모 브랜드 비트가 부시 대통령에게 '굿바이 부시'를 확실하게 선포하며 오바마의 새 정부를 향

안토시카 '안녕' 편

한 호의를 나타내고 있다는 것이다.

우크라이나에서 집행된 안토시카 어린이 슈퍼마켓(Antoshka children's supermarket) 광고 '안녕' 편(2013)에서는 지면에 눈이 녹고 있는 장면을 제시하고 나뭇가지에 손모아장갑을 꽂아두었다. 헤드라인은 "재킷을 벗겨. 겨울 안녕!"이다. 우크라이나 키에프의 광고회사 페도리프(fedoriv)가 만든 광고로 어린이 고객의 눈높이에 맞춰 지역의 장난감 가게를 홍보하고 있다. 메시지를 구구절절 설명하는 대신에 하얀 눈과 알록달록한 장갑이라는 시각적인

대비로 간명하게 표현했다.

푸에르토리코에서 집행된 월스(Wall's)라는 아이스크림 브랜드의 광고 '신경 꺼' 편(2014)에서는 아이스바의 손잡이 부분에 "신경 꺼(Goodbye Serious)"라는 문구를 새겨 넣었다. 이 광고에서 헤드라인의 기능을 하는 문구다. 푸에르토리코의 광고회사 DDB 라티나(DDB Latina)의 광고 창작자들은 아이스바가 잘 녹아내리지 않는다는 특징을 이

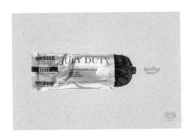

월스 '신경 꺼' 편, 구글 '안녕' 편, 선포일 옥외광고 '안녕' 편(위에서 아래로)

런 방식으로 강조했다. 아이스바가 녹아내리면 소비자 입장에서는 신경이 쓰일 수밖에 없는데 이제는 신경을 꺼도 된다는 메시지를 이렇게 표현했다.

구글(Google)의 광고 '안녕' 편(2017)에서는 나쁜 온라인 광고와의 작별을 선언한다. 온라인 광고가 포털의 주요 수익원인 상

황에서, "구글은 나쁜 온라인 광고와 작별을 고합니다(Google says Goodbye to Bad online Ads)"라는 헤드라인을 쓰면서 자신들의 광고 영업 방침을 천명한 것이다. 방문자에게 가치 있는 양질의 콘텐츠를 제공하기 위해 앞으로 좋은 광고만을 게재함으로써 미디어 생태계를 보다 건강하게 가꾸겠다는 뜻을 널리 밝힌 셈이다.

남아프리카공화국 선포일(Sunfoil)의 옥외광고 '안녕' 편(2013)에서는 "아빠, 안녕히"라는 헤드라인으로 만델라(Nelson Mandela) 대통령을 추모했다. 선포일은 남아공 제일의 크리켓 경기 시리즈의 이름이다. 이 광고 헤드라인은 남아공의 줄루(Zulu)족 언어로 "함바 카흘레 타타(Hamba kahle, Tata)"인데 영어로 "Goodbye, Father"라는 뜻이다. 이 광고는 만델라의 국장이 거행된 2013년 12월 15일에 그의 고향인 남아공 쿠누의 거리에 게재된 이후 오랫동안 그를 추모하는 메시지로 영향을 미쳤다.

지금까지 여러 나라에서 집행된 이별을 소재로 활용한 광고들을 살펴보았다. 요즘은 한 직장에서 정년까지 일하는 경우보다 여러 군데 직장을 옮겨 다니는 경우가 더 많아졌다. 더 나은 기회를 찾기 위해 이직을 택하는 이들도 있고 중간에 휴식기가 필요한 이들도 있다. 이별은 인생이라는 긴 실타래에서 한 번의 매듭을 묶는 기회다. 사직이란 한 직장에서 힘들었던 시간을 묶음으로써 그 시간을 정리한다는 의미가 있다.

따라서 사람을 떠나보내는 입장인 경영자들은 그들에게 이별의 예의를 갖춰야 한다. 그동안 힘들었을 이들을 다독여주고 회사 생활의 끝을 잘 매듭짓도록 도와줘야 한다. 아무리 좋은 기억이 많았다고 해도 사람이란 끝부분을 가장 강하게 기억하는 성향이 있기 때문이다. 이 세상에 '기쁜 이별'은 없다. 이별이 기쁘다면 함께 있었던 시간이 괴로웠다는 반증일 테니까. 하지만 '멋있는 이별'은 가능하다. 떠나는 사람의 부족함을 지적하기보다 그를 격려하며 예의를 갖춰 작별한다면, 한때 일했던 회사에 대해 험담을 늘어놓는 경우도 없을 테고 영원한 우군으로 남게 될 것이다.

15 퍼빙 중지로 관계 회복의 길을 찾자

용기를 짜내 어렵게 고충을 털어놓는 자리인데도 상사는 이야기를 듣는 건지 마는 건지 계속 문자를 주고받는다. 밤새워 작성한 결재 서류의 내용을 설명하는데 경영자는 대강 고개만 끄덕이며 고개를 숙인 채 스마트폰만 만지작거린다. 오랜만에 친구를 만나 들떠 있는데 상대방은 어디선가 걸려온 전화를 받느라고 20분 넘게 혼자 있게 만든다. 우리 일상의 여기저기서 목격할 수 있는 스마트폰의 폐해다. 스마트폰의 폐해와 중독 현상을 꼬집은 광고가 한 편 있다.

호주 『매쿼리 사전(Macquarie Dictionary)』이 집행한 광고 '퍼빙'편(2013)에서는 새로운 단어를 만드는 과정을 보여준다. "단어의 탄생(A word is born)"이라는 자막과 함께 광고가 시작된다. 두 여

성이 의자에 앉아 있는데, 한 사람이 열심히 스마트폰을 들여다
보자 다른 한 명은 멀뚱히 지켜보고 있다. 스마트폰을 더 좋아해
바로 앞에 있는 사람까지 무시하는 경우가 흔하다는 설명과 함께
이런 현상을 설명해줄 단어가 존재하지 않는다는 메시지가 흘러
나온다.

이어지는 장면부터는 2012년 5월에 시드니 대학교에서 실제
진행된 토론 현장을 그대로 보여준다. 호주 멜버른 소재의 광고
회사 매캔(McCann)은 시인, 작가, 언어학자, 음성학자, 토론 대회
우승자 등 10여 명을 시드니 대학교로 초청했다. 그러고 나서 두
명 이상이 만나는 자리에서 휴대폰에 집중하느라고 상대방과 소
통하지 않는 현상을 설명할 새 단어를 만들어달라고 요청했다.
그때까지 이를 적절히 묘사하는 단어가 없었기 때문이다. 신조
어의 기준은 광고 자막에도 등장한다.

몇 시간 동안 이어진 브레인스토밍과 난상 토론 끝에 마침내
'퍼빙(phubbing)'이라는 단어가 탄생한다. 폰(phone, 전화기)과 스너
빙(snubbing, 무시, 냉대, 모욕)을 조합해서 만들어낸 신조어였다.[3] 퍼
빙은 다른 사람과 대화하면서도 전화기에만 관심을 쏟거나 함께
있는 사람은 신경 쓰지 않고 스마트폰에만 빠져 있는 현상을 뜻

『매쿼리 사전』 '퍼빙' 편

하는 단어로 소개되었다. 이 말이 180개국 이상으로 퍼져 나갔다는 ≪가디언(The Guardian)≫의 보도 내용이 나오고, "언어는 항상 변화한다"라는 자막에 이어, "지금『매쿼리 사전』6판을 살 수 있다"라는 메시지가 뜨면서 광고는 끝난다.

사전 판매 메시지는 광고에서 마지막 부분 2초가량에 불과하다. 그럼에도 이 광고 덕분에『매쿼리 사전』의 인지도는 24퍼센트가 올랐고 판매율도 12퍼센트나 증가했다. 호주의 유명 대학인 매쿼리 대학교에서 발간하는『매쿼리 사전』은 1981년에 초판이 출간된 후 2017년 7판까지 나왔다. 이 광고는 2013년에 나온 6판을 알리는 광고였다. 2012년에는 알렉스 헤이그(Alex Haigh)라는 23세의 호주 대학원생이 전 세계 언론을 향해 '퍼빙 중지(Stop Phubbing)' 캠페인을 하자고 제안한 후에 이 신조어는 급속히 확산되었다.[4] 이후『매쿼리 사전』측은 사전을 알리는 효율적으로 수단으로 신조어를 적절히 활용했다. 2016년에『매쿼리 사전』은 올해의 단어로 'fake news(가짜 뉴스)'를 선정하면서 세계인의 이목을 끌기도 했다.

퍼빙의 속뜻에서 알 수 있듯이, 모바일 미디어는 완전히 새로운 사회관계 양식을 만들어냈다. 예컨대 절친한 친구 사이인 '가'

와 '나'가 오랜만에 만났는데 그 자리에 없는 '다'가 '나'에게 전화를 걸어왔다고 하자. '나'는 전화를 받았고 중요한 일도 아닌 듯한데 통화가 길어진다. 그러자 슬슬 짜증이 나기 시작한 '가'는 갑자기 지인들에게 문자를 보내기 시작하고, 친구 간의 대화는 끊어져 버린다. 이처럼 물리적인 공간을 함께 나누고 있는 대면 관계가 모바일 미디어가 만드는 가상적인 관계와 중첩되면서 무력화되는 현상을 이중 관여(dual engagement)라고 한다.[5] 다시 말해서 물리적인 공간을 함께하는 '가'와 '나'는 하나의 사회관계를 형성했다. 그런데 '나'가 외부에 있는 '다'와 통화하며 가상의 사회관계를 동시에 형성하자 이중 관여의 상태에 놓이게 된다. 결국 '가'와 '나' 사이에는 관계의 공통 기반이 사라지고, 급기야 '가'는 무기력한 상태에 빠지고 만다.

이중 관여는 스마트폰이 초래한 사회관계의 병리 현상이 분명하다. 모든 것을 스마트폰으로 시작하고 끝내는 이른바 호모 스마트쿠스(Homosmartcus)의 시대다. 스마트폰을 들여다보며 걷는 사람을 좀비에 빗댄 스몸비(smombie: smartphone + zombie), '머리 숙인 사람들'이라는 뜻으로 중국과 타이완에서 만든 신조어 디터우주(低頭族, 저두족),[6] 온종일 고개를 숙인 채 스마트폰에서 눈을 떼지 못하는 우리나라의 수그리족……. 이 밖에도 스마트폰 과 관련된 신조어가 많다. 스마트폰을 들여다보며 길을 걷는 사 람들이 많아 미국 워싱턴 D.C.와 중국 충칭에 이어 한국에서도 스마트폰 사용자를 위한 전용 보도를 설치하는 일을 검토하고 있 다고 한다.

퍼빙을 우리말로 옮긴 표현은 아직까지 없다. 그래서 생각을 해보았는데, 전화와 무시를 조합해서 '전무시'라고 쓴다면 어떨 까? 젊은이들 사이에서 '개무시'라는 말도 두루 쓰이는 판에, 그 보다는 점잖은 전무시라는 표현이 번역어로 타당하지 않을 이유 가 없을 것 같다.

직장 상사들이여, 부하 직원들과 이야기를 나눌 때는 스마트 폰을 들여다보지 말자. 기업의 경영자들이여, 직원들이 밤새워 작성한 결재 서류를 설명하는 자리나 그들의 말을 들어줘야 할 자 리에서 절대로 스마트폰을 만지작거리지 말자. 잠시 스마트폰을 중지했을 뿐인데 직원은 상사가 자신의 말을 진지하게 경청해준 것으로 생각해, 회사에 엄청난 성과를 가져다줄 수도 있다. 그리 고 연인끼리, 친구끼리, 가족끼리, 그 밖의 여러 관계에서 끼리끼 리 마주 앉은 자리에서 10분에 한 번씩 스마트폰을 확인하는 중독과 조급증에서, 제발 벗어나자. 사람과 사람 사이에 스마트폰만 놓인다면 결국 관계의 단절만 초래할 것이다. 퍼빙 중지 혹은 전무시 타파! 관계 회복을 위해 우리 모두가 노력해야 할 시대적인 화두다.

16 카페인 우울증이여, 영원토록 굿바이

....

    사회 관계망 서비스(SNS: Social Network Service)를 활용하는 일이 밥을 먹는 것처럼 일상이 되었다. 이제 사람들은 소셜미디어를 통해 즐겁고 행복한 일상을 보여주며 서로 자랑한다. 기업에서도 신입사원에서 임원에 이르기까지 모두 소셜미디어를 이용한다. 그럴수록 경영자 입장에서는 언행 하나하나가 조심스러워질 수밖에 없다. 녹음되고 촬영된 영상물이 언제 어떻게 부메랑으로 돌아올지 모르기 때문이다. 회사마다 처한 여건이나 환경이 다른데도 소셜미디어에 올라온 다른 회사의 행복한 분위기만 보면서 부러워하는 직원들도 있다. 이런 경우에는 자신이 일하는 직장에 대한 만족도가 낮아질 가능성까지 있다.

    사회 관계망 서비스는 지인들과 소식을 주고받고 필요한 생활 정보를 교환하는 동시에, 시·공간을 초월해 많은 사람과 소통할 수 있는 등 장점이 많다. 여러 학자들은 인간 특유의 노출증과 관음증이 SNS의 확산과 성공에 결정적인 영향을 미쳤다고 진단한다. 우리는 SNS를 이용해 실시간으로 정보를 공유하며 사람들과 관계를 맺지만, SNS는 어디까지나 보여주고 싶은 것만 '드러나는' 사이버 공간이다. 이를 망각한 채 드러나는 메시지에만 지나치게 몰입해 남들은 모두 좋은 여건에서 행복하게 사는데 자신만 불행하다고 비교하기 시작하면 우울해지기 십상이다.

인스타그램의 텔레비전 광고 '비디오 품질' 편(2013)에서는 자동으로 조절되는 비디오 프로그램의 품질을 강조했다. 페이스북에 인수된 후에 집행한 광고다. 사진과 동영상을 자유자재로 올리는 인스타그램의 특성을 보여주려고 광고에서는 영상을 올리는 장면이 계속 이어진다. 카피도 없다. 수족관을 바라보는 광경, 바다에서 파도를 타는 경험, 기울어진 도로 표지판의 각도에 맞게 젊은이들이 몸을 기울이며 장난치는 모습, 파이프를 물고 모자를 쓴 애견의 귀여운 표정, 소파에 서 있는 아이의 앙증맞은 인상, 바닷가를 거니는 맨발의 생동감, 자동차를 타고 드라이브하는 순간, 놀이공원에서 케이블카를 타고 즐기는 추억, 연인끼리

인스타그램 '비디오 품질' 편

키스하는 장면이 계속 이어진다. 마지막에 가서 "인스타그램에 동영상 올리기(introducing video on Instagram)"라는 자막이 뜨면서 광고가 끝난다.

"세상의 모든 순간을 포착하고 공유한다." 인스타그램의 첫 슬로건이다. 그리고 시간이 흐를수록 점점 그 가치가 높아지고 있다. 케빈 시스트롬(Kevin Systrom)과 마이크 크리거(Mike Krieger)가 2010년에 개발한 인스타그램은 2013년 집행한 광고 '비디오 품질' 편의 효과를 바탕으로 2018년에 월간 사용자 수가 10억 명에 이르렀다. 한국에서도 카카오톡(KakaoTalk)은 물론이고 페이스북까지 낡았다며 인스타그램으로 갈아타는 젊은이들이 급증하고 있다. 인스턴트 카메라(Instant camera)와 텔레그램(Telegram)의 합성어로 출발해 사진과 동영상을 공유하는 3세대 SNS로 확고하게 자리 잡은 인스타그램은 2011년 1월에 해시태그(hashtag) 기능을 추가해 사용자들이 사진이나 친구를 손쉽게 찾을 수 있도록 했다. 2012년 4월에 페이스북에 10억 달러에 인수되었지만 그 후에도 계속 독립적으로 운영되고 있다.

현대인들은 SNS에서 서로 소통하고 일상을 공유하며 살아가고 있다. 누가 궁금해하지도 않았는데, 어디에서 뭘 보고 뭘 먹고 뭘 하고 놀았는지 세세하게 알려준다. 순간순간 인증 샷도 남긴다. 블로그(blog)와 트위터에 올라온 빅데이터를 분석한 결과 '인증 샷'이라는 말은 2011년 이후부터 해마다 100만 번 이상 언급되는 표현이 되었다.[7] 놀러 가서도, 음식을 먹어도, 어디에 머물고 있어도, 쇼핑하러 가서도 자신이 무엇을 했다는 인증 기록을 남기고 있으니 모름지기 '인증 사회'라 할 수 있다. 자신의 존재를 타인에게 알리려는 인정투쟁(認定鬪爭)이 눈물겨울 정도다. 독일의 철학자 헤겔(Georg Hegel)은 타인에게 인정받고자 하는 욕구가 인간의 행동을 결정적으로 지배한다는 인정투쟁 이론을 제시하면서, 국가 간의 전쟁을 비롯한 인류의 역사는 인정투쟁의 역사나 다름없다고 했다.

한때 인기를 끌었던 게시물 'SNS 백태'의 내용은 이렇다.

미니 홈피: 내가 이렇게 감수성이 많다.

페이스북: 내가 이렇게 잘 살고 있다.

블로그: 내가 이렇게 전문적이다.

인스타그램: 내가 이렇게 잘 먹고 다닌다.

카카오스토리(KakaoStory): 내 자랑 + 애 자랑 + 개 자랑.

텀블러(Tumbler): 내가 이렇게 덕후(오타쿠)다.

소셜미디어에 올라오는 글이나 사진을 보면 거의 모두 행복한 순간들만 등장한다. 누구랑 말다툼하는 장면이나 부부 싸움을 했다는 소식을 올리는 경우는 없다. 언제나 기쁘고 행복하기만 한 인생은 없을 텐데, 몇몇 사람들은 남의 게시물을 보다가 자기만 빼고 다들 행복하게 사는 것 같다며 우울해지는 '카페인 우울증'을 앓기도 한다.

카페인 우울증이란 카카오스토리(카카오톡), 페이스북, 인스타그램의 앞 글자를 따서 만든 신조어로, 타인의 글이나 사진을 습관적으로 들여다보며 상대적으로 박탈감과 우울함을 느끼는 증상이다.[8] SNS에 접속하지 않으면 불안해하거나, SNS에 올린 자신의 글에 댓글이나 '좋아요'가 없으면 초조해진다거나, 시간이 날 때마다 다른 사람의 글이나 사진을 들여다보고 있다면 소셜미디어에 중독되었을 확률이 높다. 의학적인 측면에서 SNS 중독은 관계 중독에 해당한다. 사람들과 관계를 맺지 않으면 불안함을 느껴 관계에 집착하는 경우인데, 정도가 심해지면 카페인 우울증이 될 수 있다.

아직 정신병리학 분야에서 카페인 우울증을 정신병으로 명명하지는 않았지만, 이 방면의 전문가들은 소셜미디어에 지나치게 노출되면 우울감이 높아진다는 데 동의하고 있다. SNS를 통해 타인의 행복한 사생활을 들여다보면서 자신의 불행을 확신하는 것도 정신적인 병리 현상이라는 뜻이다. 건강 전문 작가 어맨다 맥밀런(Amanda MacMillan)은 14세에서 24세까지의 남녀 1500명을 대상으로 소셜미디어 중에서 정신 건강에 가장 해로운 것이 무엇인지 조사했는데, 그게 인스타그램이라는 결과를 ≪타임(Time)≫에 발표하기도 했다.[9] 자기표현에 대한 불안감, 우울감, 포모(FOMO: Fear Of Missing Out) 같은 감정이 우려할 만한 수준으로 높게 나타났다고 한다. 소셜미디어 공간에서 느끼는 소외감과 관계 단절을 두려워하는 포모(FOMO) 감정은 다른 사람으로부터 잊힐 수 있다는 데 따른 공포로 볼 수 있으니 특히 경계해야겠다.

"세상을 더 가깝게 만들기(Bringing the World Closer Together)"라는 페이스북의 미션은 세상에 긍정적인 영향을 크게 미쳤지만, 동시에 뜻밖의 병리 현상도 야기한 셈이다. 사실 SNS에 등장하는 사람들의 행복한 모습은 일상의 단편에 불과하다. 어떤 경우에는 사실이 아니면서도 좋게 보이는 쪽으로 왜곡해 올리기도 한다.

그런데도 상대방이 보여주는 단편적인 면모를 확대 해석해 자신의 인생과 비교하는 것은 어리석다. 그렇게 비교하면 할수록 부지불식간에 자기 삶의 만족도만 낮아질 뿐이다.

상황이 더 나빠지면 학교에서나 기업에서 학생과 직원을 대상으로 카페인 우울증에 관한 교육이라도 해야 할 것 같다. 전문가들이 조언하는 카페인 우울증에서 벗어나는 방법은 다음과 같다. 인맥 늘리기에 집착하지 말고, 답장이 적다고 서운해하지 말고, 악플러가 있다면 혼자 끙끙대는 대신 과감하게 차단하고, 무엇보다 카페인(SNS)의 접촉량을 줄이고, 다양한 오프라인 모임에 참여하고, 타인의 삶을 지나치게 부러워하지 말라는 것이다. 이 여섯 가지 팁은 남과 비교하면서 애면글면 흔들리기 쉬운 우리 일상생활에서도 귀담아들을 필요가 있으리라.

17 미루지 말고 지금 손 편지를 보내자

....

기업 경영자들은 어떻게 하면 고객이나 직원들에게서 점수를 딸 수 있을까? 시도하기에 따라 점수를 따기보다 마음을 얻기가 더 쉬울 수 있다. 하지만 실천은 쉽지 않은 법이다. 우리 모두 이메일 같은 전자 글쓰기에 너무 익숙해져 있기 때문이다. 전화를 걸거나 문자메시지를 보내는 것은 항상 하는 일이라 그리 감동을 주지 못한다.

이럴 때 손 편지를 써서 보내면 받는 사람은 '가시덤불 속에 핀 하얀 찔레꽃' 같은 사랑을 느낄 것이다. 이해인 수녀의 시 「황홀한 고백」은 손 편지 같은 사랑 노래다. "내가 당신을 사랑한다는 말은 한 자락 바람에도 문득 흔들리는 나뭇가지. 당신이 나를 사랑한다는 말은 무수한 별들을 한꺼번에 쏟아 내는 거대한 밤하

늘이다."[10] 이 아름다운 시는 「사랑한다는 말은」이라는 제목의 가톨릭 성가로도 작곡되어 널리 알려졌다.

경영자가 임직원과 고객에게 직접 써 보낸 손 편지가 종종 화제가 되는 이유도 사람들이 아날로그적인 사랑의 메시지에 그만큼 감동하기 때문이리라. 스마트 미디어 시대에 간편하게 문자 메시지를 보내도 되지만 손 편지로 통한다면 자신의 진정한 마음을 오롯이 담아 사랑의 언어를 전할 수 있다. 손 편지를 받는 사람은 수고를 아끼지 않았을 보낸 이의 정성을 있는 그대로 느끼게 될 것이다. 손 편지를 소재로 활용해 만든 광고에서 사랑의 메시지를 확인해보자.

호주 우정사업본부(Australia Post)의 인쇄광고 '연인' 편(2007)을 보면 손 편지를 배경으로 두 팔을 뻗은 연인의 실루엣 품에 안겨 기쁜 표정을 짓는 여성이 있다. 남자 친구가 보내온 손 편지를 읽고 감동한 나머지 상상 속에서 그의 온기를 느끼며 껴안고 있는 장면이 인상적이다. 카피는 짧게 단 한 줄이다. "누군가와 진정 온기를 나누고 싶다면 편지를 보내세요(If you really want to touch someone, send them a letter)." 우리말 어감으로 종종 나쁜 손버릇을 뜻하는 터치(touch)라는 단어를 광고 카피의 묘미를 살려 '온기'로

호주 우정사업본부 '연인' 편, '엄마' 편,
'아이' 편(시계 방향으로)

번역해도 무방할 터이다.

이어지는 '엄마' 편(2007)을 보면 늙은 엄마가 딸이 보낸 편지를 읽고서 마음속으로 딸을 생각하며 딸을 안아보고 싶은 마음을 생생하게 묘사했다. 손 편지 사이사이로 전해오는 딸의 온기를 느끼고 있는 엄마의 마음이 절절하다. 마지막의 '아이' 편(2007)에서는 아빠의 팔에 안긴 어린이의 행복한 표정이 정겹다. 아빠는 지금 가족과 멀리 떨어진 곳에서 일하는지, 눈에 넣어도 아프지 않을 딸에게 사랑한다는 말을 구구절절 길게도 써서 보낸 듯하다. 광고회사 엠앤드시 사치 멜버른(M&C Saatchi, Melbourne) 소속의 디자이너 리베카 해나(Rebecca Hannah)의 창작 솜씨와 크리에이티브 디렉터 스티브 크로퍼드(Steve Crawford)의 통찰력이 시너지 효과를 발휘한 광고다.

애초 시리즈 광고의 첫 번째인 '연인' 편은 호주 군인들이 애독하는 방위군 잡지에 게재할 목적으로 제작되었다. 잡지에 광고가 게재되자 뜻밖에도 광고에 대한 반응이 폭발적이었다. 광고가 실린 잡지 페이지를 찢어가는 사례가 발생했고, 언론에서도 이런 사실을 보도하기에 이르렀다. 광고를 향한 호평을 확인한 호주 우정사업본부는 이 광고를 밸런타인데이에도 내보냈고, 급기야 어머니날과 어린이날에 맞춰 새 광고를 만들었다. 몇몇 매체에서는 광고비를 일절 받지 않고 무료로 광고를 실어주기도 했다. 자칫 식상할 수도 있었던 우체국 광고가 손 편지의 감성을 타고 전국적인 주목을 받은 셈이다.

여기에 이르러 황동규 시인의 데뷔작 「즐거운 편지」(1958)를 음미해보는 것도 좋겠다. "진실로 진실로 내가 그대를 사랑하는 까닭은 내 나의 사랑을 한없이 잇닿은 그 기다림으로 바꾸어 버린 데 있었다. (······) 그동안에 눈이 그치고 꽃이 피어나고 낙엽이 떨어지고 또 눈이 퍼붓고 할 것을 믿는다."[11]

지금부터 60여 년 전에 쓰인 시라고 믿기지 않을 만큼 세련된 언어 감각이 돋보인다. 자신의 사랑이 상대방에게 다가가지 않음을 알면서도 변함없이 사랑하며, 계절이 바뀌는 가운데서도 한없이 잇닿은 그 기다림은 더욱더 깊어져 간다는 마음을 절절하게 표현한 절창이다. 시간이 흐를수록 더 깊어지는 사랑의 감정, 긴 기다림마저 습관이 되어버린 그런 자세, 그런 사랑은 정녕 아름다운 사랑일까, 아픈 사랑일까?

그냥 사랑이라고 하는 편이 낫겠다. 기업 경영자들은 직원들의 생일날이나 고객의 기념일에 한번 사랑의 손 편지를 써보시기를 바란다. 손 편지가 어렵다면 카드에 짧게라도 손수 글을 써서 마음을 전하시기를 바란다. 사람이란 상대가 마음을 보여주려고 얼마나 애쓰는지에 따라 감동하는 존재다. 다만 비서를 시켜 대신 쓰게 하면 절대로 안 된다. 요즘 유행하는 손 편지 대행업체에 맡기면 더 위험하다. 위장된 손 편지를 쓸 바에는 차라리 이메일이나 문자메시지가 낫다. 일반인들도 마음이 움직일 때마다 즐겁게 손 편지를 써보면 좋겠다. 매년 5월처럼 가정의 달을 맞았을 때 쓰는 것도 좋겠지만, 사실 우리의 사계절은 손 편지를 주고받기에 언제나 좋은 계절이다.

"누군가와 진정 온기를 나누고 싶다면 편지를 보내세요."

18 한 사람, 한 사람이 너무도 소중하다

1645년, 크롬웰(Oliver Cromwell)은 단 한 표 차이로 영국의 통치권을 장악했다. 1649년, 단 한 표 차이로 영국의 왕 찰스 1세 (Charles I)가 처형되었다. 1776년, 미국은 단 한 표 차이로 독일어 대신 영어를 국어로 채택했다. 1845년, 단 한 표 차이로 텍사스주가 미국에 편입되었다. 1875년, 프랑스는 단 한 표 차이로 왕정에서 공화정으로 바뀌었다. 1923년, 히틀러(Adolf Hitler)는 단 한 표 차이로 나치당을 장악했다. 1941년, 미국은 진주만 공격 몇 주 전에 단 한 표 차이로 선발 징병제를 의결했다.[12]

여러 글에서 한 사람(one person)의 중요성 혹은 한 표(one vote)의 결정력을 강조할 때 자주 인용되는 이 내용은 사실일까, 아니

면 만들어진 신화일까? 필자가 국내외 자료를 뒤져 일일이 확인
해본 결과, 모두 사실이 아니었다. 근소한 차이로 결과가 뒤바뀐
것은 분명한데, 누군가 극적인 결과를 강조하기 위해 단 한 표 차
이라며 가짜로 가공한 것이다. 그 후 여러 사람이 사실 여부를 확
인하지 않고 계속 인용한 결과 세월이 흐르면서 신화가 되어버렸
다. 다만 그 경위야 어쨌든 간에 인생 경영에서든 기업 경영에서
든 사람 하나하나는 정말로 소중하다.

영국군의 모병 포스터 '로드 키치너' 편(1914)에서는 영국의 전
쟁 영웅인 허버트 키치너(Herbert Kitchener)가 등장해 정면을 응시
하며 손가락으로 앞을 가리키고 있다. 키치너는 1898년 아프리
카 수단의 옴두르만 전투에서 승리하며 명성을 얻은 영국 육군의
원수다. 아티스트 앨프리드 리트(Alfred Leete)는 제1차 세계대전
당시 영국군의 모병 포스터를 만들며 과감한 레이아웃을 채택했
다. "영국은 당신을 필요로 한다(BRITONS WANTS YOU)"라는 헤드
라인에서 '당신'을 크게 강조한 점도 인상적이다.

미군의 모병 잡지광고 '샘 윌슨' 편(1917)도 제1차 세계대전 당
시 나온 포스터다. 미국의 삽화가 제임스 플래그(James Montgomery
Flagg)는 고심 끝에 정육업자 샘 윌슨(Sam Wilson)을 모델로 기용해

영국군 포스터 '로드 키치너' 편(왼쪽)과 미국 잡지광고 '샘 윌슨' 편(오른쪽)

알프레드 리트의 포스터처럼 정면을 보면서 손가락을 앞으로 내밀도록 했다. "미 육군에서 당신을 필요로 한다(I WANT YOU FOR U.S. ARMY)"라는 헤드라인의 내용도 비슷하다. 이 광고는 1917년 4월 발행된 《타임》 특별 호의 뒤표지에 실린 이후 대단히 인기를 끌었다. 미군을 대표하는 포스터로 활용되었고, 샘 윌슨은 '샘 아저씨(Uncle Sam)'라는 명성을 얻었다. 이 광고가 나가고 1918년까지 2년간 400만 부 이상의 복사본이 유통되었다.

오바마 후보의 대선 캠페인 포스터(2008)에서는 오바마 후보

오바마 대선 캠페인 포스터(왼쪽)와 미국그래픽아트협회의 미국 총선 포스터(오른쪽)

의 얼굴을 자유의 여신상, 링컨(Abraham Lincoln) 대통령, 케네디 대
통령의 모습 등으로 구성한 펜화가 인상적이다. 한눈에 알게끔
선명하게 묘사한 다음에 "변화에 투표하라(VOTE FOR CHANGE)"는
헤드라인을 붙였다. 바로 아래에는 "여러분의 투표가 차이를 만
듭니다"라는 보디카피를 붙여 한 사람, 한 사람의 투표가 얼마나
중요한지 환기했다.

　　미국그래픽아트협회(AIGA: The American Institute of Graphic Arts)

인도 총선 포스터(왼쪽)와 스웨덴 맥도날드 인쇄광고 '개인' 편(오른쪽)

는 미국 총선 포스터(2016)에서 "투표하러 가라(GO VOTE)"는 헤드라인 아래에 손가락으로 여러 모양을 만들며 투표를 권고했다. 위아래 색감의 선명한 대비를 통해 카피와 비주얼이 확연하게 부각되도록 포스터에 솜씨를 부렸다. 1914년에 설립되어 가장 오랜 역사를 자랑한다는 미국그래픽아트협회의 권위가 느껴진다. 미국 70개 도시의 지부에서 일하는 전문 디자이너 2만 5000여 명과 6만여 명의 학생 회원을 거느린 미국 최대 규모의 디자인 단체에서 선발된 디자이너들이 협업해 만든 작품이다.

인도의 총선 포스터(2014)에서는 위쪽과 오른쪽을 가리키는 집게손가락의 방향이 눈길을 끈다. 손의 색깔도 서로 다르게 표현하며 투표 참여의 중요성을 강조했다. "비난하지 말고(DO NOT BLAME)", "변화를 만들라(MAKE THE CHANGE)"는 헤드라인을 제시하면서 "더 나은 인도를 위해 투표하라(VOTE FOR BETTER INDIA)"는 메시지를 전달했다. 이 포스터에서는 보다 나은 공동체를 만들려면 반드시 투표해야 한다는 사실을 한 사람, 한 사람에게 촉구했다.

스웨덴 맥도날드(McDonald's)의 인쇄광고 '개인' 편(2008)에서는 부정적인 소구 기법이 채택되었다. "우리는 터키인, 그리스인, 폴란드인, 인도인, 에티오피아인, 베트남인, 중국인, 페루인을 고용하지 않습니다(We don't hire Turks, Greeks, Poles, Indians, Ethiopians, Vietnamese, Chinese Or Peruvians)"라는 헤드라인만 보면 깜짝 놀랄 수밖에 없다. 무슨 이런 광고가 있나 싶어, 지면의 왼쪽 하단을 보니 조그맣게 다음과 같은 카피가 이어진다.

스웨덴인, 한국인, 노르웨이인도 아닙니다. 우리는 개인을 고용합니다. 우리는 당신의 성이 뭐라도 상관하지 않습니다. 야망과 결심은 당신의 국적과 무관하기 때문입니다. 스웨덴 맥도날드에는 95개 국적의 사람들이 함께 일하고 있습니다. 스웨덴 맥도날드로 오십시오.

광고회사 DDB의 스웨덴 스톡홀름 지사에서 만든 이 광고는 사람들의 주목을 끌기 위해 충격 요법을 시도했지만, 한 사람의 개인이 중요하다는 메시지를 충분히 전달했다.

세상 모든 일에서 한 사람의 개인은 정말로 중요하다. 역사의 혼란기에는 한 사람이 어떻게 판단하느냐가 특히 더 중요하다. 한 사람이 나라를 일으킬 수도 있지만 망하게 할 수도 있다. 근세 영국을 세계적인 대국으로 발전시킨 것도 두 명의 여왕이었다. 한 명은 빅토리아(Victoria) 여왕이었고, 다른 한 명은 엘리자베스 1세(Elizabeth I)였다.

어찌 국가의 운명뿐이겠는가? 기업의 위기 상황에서 한 사람이 기업을 살릴 수도 있고 벼랑으로 내몰 수도 있다. 그 한 사람이 반드시 경영자만을 뜻하지는 않는다. 사장님 앞에만 서면 우물쭈물하는 직원 한 사람이 위기에 처한 회사를 구할 수도 있다. 그러니 경영자는 모병광고나 선거 캠페인의 카피처럼 그 한 사람을 필요한 존재로 인식하고 그의 마음에 투표해야 한다.

일상생활에서도 마찬가지다. 쉽게 헤어지는 커플이 너무 많다. 늘 긴장해서 말도 제대로 못하고 당장 보여줄 것이 없다는 이유로 내쳐진 그 사람이 어쩌면 당신의 인생에서 가장 중요한 한 사람이었을 수도 있다. 결혼도 수많은 후보자 중에서 한 사람을 선택해 투표하는 것과 같다. 인생 경영에서든 기업 경영에서든 한 사람이 당신의 많은 것을 달라지게 만든다. 어쩌면, 살아 있는 날들의 모든 것을 결정짓기도 한다. 한 사람, 그 사람의 존재가 그래서 더 소중한 법이다.

경영과
문화·예술의
만남

Business Insights Learned through Advertising

1ㄱ 예술 주입의 마케팅 효과를 기대하자

"20~30대에는 국·영·수로 살고, 40~50대 이후에는 예체능으로 산다."

한동안 중·장년층에서 유행했던 말이다. 국어, 영어, 수학 실력으로 좋은 대학에 입학해 좋은 직장을 얻는 것이 20~30대까지의 삶이었다면, 모두 비슷해지는 40대 이후부터는 국·영·수 실력으로 얻은 것들은 무의미하고 몸 건강과 마음 건강이 중요하다는 사실을 환기하는 말이었다.

예술에 무관심하던 사람들도 먹고살 만해지면 백화점 문화센터나 대학의 평생교육원에 등록해 예술 강좌를 듣는다. 운동을 열심히 하면서 몸만들기에 열중하는 아저씨와 아줌마들도 많다. 모두 예체능으로 살아가려는 중년 군상의 풍경이다. 기업도 예술에 대한 관심이 뜨겁다. 세태에 뒤질까 싶은 염려에서일까? 어느 날 갑자기 문화·예술 경영을 천명하는 경영자가 많다. 예술을 광고에 주입한 사례를 통해 문화·예술 경영의 기본 전제를 톺아보자.

드롱기(De'Longhi)의 커피머신 광고인 '엠마오의 저녁식사' 편(1994)을 보자. 1902년 이탈리아에서 가내수공업으로 시작한 드롱기는 오늘날 세계적인 명품 가전 브랜드로 자리 잡았다. 광고에는 바로크풍의 성화(聖畵) 앞에 첨단 커피머신과 커피 잔 두 개가 놓여 있다. 어디서 많이 본 것 같은 그림이다. 정작 제품을 소개하는 카피는 전체의 5분의 1 정도 되는 지면만 차지한다. 카피보다 그림이 눈에 띄는 구도다. 처다보는 순간 성화의 이미지를 차용한 광고라는 것을 바로 알 수 있다. 카라바조(Caravaggio)의 그림 〈엠마오의 저녁식사(The Supper at Emmaus)〉(1601, 캔버스에 유채, 141×196cm)의 아우라가 떠오른다. 예술의 이미지가 광고에 주입되는 순간이다.

〈엠마오의 저녁식사〉는 영국 런던의 내셔널갤러리에 걸려 있다. 부활한 예수가 엠마오의 여인숙에서 제자들과 저녁식사를 하고 있는데, 앞에 있는 인물이 예수라는 사실을 뒤늦게 깨달은 제

자들이 깜짝 놀라는 장면을
사실적으로 묘사한 그림이다.
보통의 성화와는 달리 수염
도 없고 통통하게 그려진 예
수의 얼굴이 흥미롭다. 제자
두 명은 앉아 있고 여인숙 주
인은 서서 시중드는데, 예수
의 부활을 믿을 수 없다는 듯
한 표정이 생생하다. 마치 연
극의 한 장면 같다. 빛의 명암
이 대조되면서 극적인 분위기

드롱기 '엠마오의 저녁식사' 편(위)과 카라
바조의 유화 〈엠마오의 저녁식사〉 원작
(아래)

가 고조되고 보는 이를 그림 속으로 빠져들게 한다.

초기 바로크 시대를 대표하는 카라바조는 이탈리아의 독실한
가톨릭 집안에서 성장했지만, 살인을 저지르고 도망자 신세가 되
어 39세의 나이로 짧은 생을 마감한 비운의 화가다. 당대의 거장
미켈란젤로(Michelangelo)를 능가하겠다며 그의 작품을 폄하했던
광기 어린 인물이었지만 빛과 그림자의 대비를 통해 근대 사실화
의 길을 개척했다. 예수의 부활을 믿지 못해 그의 옆구리에 창에

찔린 상처가 있는지 손을 넣어보는 〈의심하는 토마(The Incredulity of Saint Thomas)〉(1601~1602, 캔버스에 유채, 107×146cm)를 그린 화가로도 유명하다.

드롱기는 종전에 집행했던 광고들과는 달리, 브랜드에 명품 이미지를 넣자는 광고회사의 제안을 받아들여, 그동안에는 광고에서 활용되지 않았던 카라바조의 명화들을 광고 메시지로 '주입 (infusion)'했다. 마치 환자에게 수액을 주입하듯 말이다. 카라바조의 명화들은 드롱기의 커피머신, 전기주전자, 토스터, 오븐, 주방 가전, 전기오븐, 계절가전, 난방기기, 세라믹히터 등의 광고에 폭넓게 주입되었다. 마치 한국의 LG가 마티스(Henri Matisse), 클림트(Gustav Klimt), 고흐(Vincent van Gogh), 고갱(Paul Gauguin)의 명화를 활용해 "당신의 생활 속에 LG가 많아진다는 것은 생활이 예술이 된다는 것"(2007)이라는 브랜드 캠페인을 전개했듯이 말이다. 예술 작품을 브랜드 광고에 주입한 시리즈 캠페인 덕분에, 드롱기는 세계적인 명품 가전 브랜드로 확고하게 자리 잡았다. 광고를 하기 전에 비해서 브랜드 선호도가 22퍼센트나 올라갔고, 판매율도 8.2퍼센트 신장되었다.

이처럼 예술 작품을 활용하는 마케팅 활동을 아트 마케팅(art

marketing)이라고 하는데, 사실 이것은 전문 학술 용어인 '예술 주입(art infusion)'이나 원어 그대로인 '아트 인퓨전'이라고 불러야 타당하다. 자주 쓰이는 아트 컬래버레이션(art collaboration)은 예술 주입의 변형된 형태다. 예술 주입이란 제품이나 브랜드에 예술적인 요소를 추가하는 마케팅 활동이다. 조지아 대학교에서 박사 과정을 밟던 헨리크 학트베트(Henrik Hagtvedt)가 버네사 패트릭(Vanessa M. Patrick) 교수와 함께 제품에 예술 작품(명화)이 더해지면 제품의 고급감에 대한 지각을 높인다는 내용의 '예술 주입' 논문을 발표한 때가 2008년이었다. 본래 화가 출신인 학트베트는 제품 패키지에 예술 작품(art) 이미지가 덧붙여지면 비예술 작품(non-art) 이미지에 비해 제품의 고급감과 차별성이 높아진다는 사실을 실험 연구를 통해 입증했다.[1]

몇몇 연구자들은 17세기 네덜란드 화가 요하네스 페르메이르(Johannes Vermeer)의 그림 〈진주 귀고리를 한 소녀(Het Meisje me de Parel)〉(1665, 캔버스에 유채, 44.5×39cm)의 이미지와 영화 〈진주 귀걸이를 한 소녀(Girl with a Pearl Earring)〉(2004)에 출연한 배우 스칼렛 요한슨(Scarlett Johansson)의 이미지를 같은 제품에 각각 넣어 비교했다. 이미지의 고급감은 모두 높았지만, 고급감이 제품에 전

페르메이르의 〈진주 귀고리를 한 소녀〉 원작(왼쪽)과 영화에서의 스칼렛 요한슨(오른쪽)

이되는 정도와 제품 구매 의향은 배우 요한슨의 사진보다 페르메이르의 유화를 넣은 제품이 통계적으로 유의한 수준에서 훨씬 높게 나타났다. 두 이미지 모두 고급스럽기는 했지만 제품과 결합했을 때의 고급감과 구매 의향은 예술 작품 이미지 쪽이 더 높았던 것이다. 이런 결과는 학계에 '예술 주입'의 가치와 가능성을 환기했고 학트베트는 스타 연구자로 떠올랐다.

국내에서도 많은 기업들이 예술 주입 마케팅을 시도하고 있다. 루벤스(Peter Rubens), 르누아르(Pierre Renoir), 다빈치(Leonardo da Vinci), 보티첼리(Sandro Botticelli), 라파엘로(Sanzio Raffaello), 마그리트(René Magritte), 앵그르(Jean Ingres), 클림트, 고흐, 고갱, 밀레(Jean Millet), 고야(Francisco Goya) 등의 그림을 활용해 브랜드 선호도를 높이고 매출을 늘리는 효과를 얻었다. 브랜드에 예술을 주입하고자 할 때는 프리미엄 브랜드의 이미지를 얻으려는 목적이 강하다. 이렇게 기업들이 경영에 예술 주입을 시도하는 것은 박수받을 만한 일이다. 다만 이러한 노력이 일회성 시도에 그치는 경우가 많아 안타깝다. 예술가의 걸작이 하루아침에 완성되지 않듯이 브랜드에 예술을 주입하는 효과도 하루아침에 나타나지 않는다. 경영자들은 예술 주입 활동에 지속적으로 투자해야 하고, 예술경영 활동에 능한 전문 인력을 부단히 양성해야 한다.

기업 경영과 마찬가지로 삶의 중년에 다다른 이들도 생활에 예술을 꾸준히 주입해야, 진정한 의미에서 예체능으로 살아갈 수 있으리라. 겉멋으로 하지 말고, 일상에서 밥 먹듯이 말이다.

20   문화·예술에서 생산성과 품질의 긴장

문화·예술에 관심을 보이는 사람들이 점점 늘고 있다. 이미 앞에서 "20~30대까지는 국·영·수로 살았다면 40대 이후부터는 예체능으로 산다"라는 말도 했다. 이제 문화·예술의 향유는 특정 계층의 전유물이 아니다. 바람직한 현상이지만 좋지 않은 징후도 나타나고 있다. 박물관, 공연장, 미술관과 같은 문화·예술 기관이나 단체에서 문화·예술 경영에 눈뜨기 시작한 점은 좋다. 하지만 문화·예술 작품의 생산성 문제를 둘러싸고 어설픈 마케팅 지식을 앞세워 지나치게 따지는 경우가 왕왕 발생하고 있다.

일반적인 의미에서 생산성이란 재화와 용역 등 산출물을 생산할 때 사용되는 자본과 노동 같은 투입물의 관계를 가리키는 개념이다. 즉, 투입물을 산출물로 얼마나 잘 변환시켰는지를 나타내는 지표다. 그렇지만 서비스 산업의 일종인 문화·예술 분야는 제조업에 비해 생산성을 높이기가 어렵고 정확하게 측정하기도 쉽지 않다. 서비스 생산성이란 서비스 조직에서 고객이 기대하는 수준의 서비스 품질을 제공하도록 조직이 보유한 투입 요소를 사용하는 능력으로 설명할 수 있다.

서비스 산업에서 생산성과 품질은 불가분의 관계에 있으면서 항상 연계되기 마련이다. 유사한 것 같지만 두 개념에는 차이가 있다. 생산성은 효율을 추구하는 데 비해 품질은 고객 만족을 더 중시하며, 생산성은 가치를 추가하는 데 목표를 두지만 품질은 가치의 강화를 더 중시한다. 예전에는 문화·예술 기관에서 생산성을 높이기 위해 노력하는 시도 자체가 문화·예술의 특성을 거스르는 행위로 인식되기도 했다. 문화·예술 산업에서는 제조업에서와 같은 생산성 향상이 불가능할 수도 있다.

오페라호주(Opera Australia)가 집행한 텔레비전 광고 '투란도트' 편(2016)에서 생산성과 품질의 관계를 살펴보자. 흑백 화면에 오페라호주를 자막으로 알리는 첫 장면으로 광고가 시작된다. 시드니 오페라하우스의 전경이 멀찌감치 보이고 굉장한 규모의 야외 수변 무대가 한눈에 들어온다. 그 순간 푸치니(Giacomo Puccini) 작

오페라호주 '투란도트' 편

곡의 원작에서처럼 다단조의 강렬한 서주(序奏)가 울려 퍼지기 시작한다. 남주인공 칼라프(Calaf, 망국 타타르의 왕자이자 티무르의 아들)에 이어 여주인공 투란도트 공주(Turandot, 중국의 공주)가 등장하고 장엄한 무대가 펼쳐진다. 류(Liu, 노예 소녀)와 티무르(Timur, 타타르의 퇴위한 왕)의 슬픈 사연과 함께 칼라프가 다시 공주에게 사랑을 고백한다. 마지막 장면에서 공주의 모습을 부각시키며 〈투란도트(Turandot)〉를 단 하룻밤만 공연한다고 알리며 광고가 끝난다.

푸치니의 유작 〈투란도트〉는 1926년에 초연한 이후 여러 나라에서 다양한 버전으로 공연되었다. 푸치니가 오페라를 완성하지 못한 채 죽자 그의 제자 프랑코 알파노(Franco Alfano)가 마지막 부분을 만들어 완성한 것으로도 유명한 작품이다. 1956년에 창립된 호주오페라단(Australian Opera Company)은 1996년에 오페라 호주(Opera Australia)로 이름을 바꿔 현재에 이르고 있다. 오페라 호주는 시드니항의 '한다 오페라(Handa Opera)'를 호주를 대표하는 오페라 공연 축제로 키워냈다.

오페라호주는 오페라하우스와 하버브리지, 주변의 고층 건물들을 배경 삼아 오페라 무대를 시드니항 위에 떠 있도록 설계했다. 그리고 여기저기 숨겨둔 수백 개의 스피커를 통해 음악이 청중을 향해 울려 퍼지도록 사운드 셸(sound shell)을 완벽히 갖추고 '한다 오페라' 시리즈 공연을 이어오고 있다. 2012년 〈라 트라비아타(La Traviata)〉를 첫 공연으로 2013년 〈카르멘(Carmen)〉, 2014년 〈나비부인(Madame Butterfly)〉, 2015년 〈아이다(Aida)〉, 2016년 〈투란도트〉, 2017년 〈카르멘〉, 2018년 〈라 보엠(La Bohême)〉에 이르기까지 오페라 예술의 정수를 보여주었다. 공연은 늘 만석이었다.

문화·예술 산업에서도 생산성은 물론 중요하다. 하지만 그렇다고 서비스 품질을 가볍게 여기면 안 된다. 제조업 분야에서는 52분 일하고 17분 쉬면 생산성이 극대화된다는 '52-17의 법칙'이 있다. 이 법칙을 문화·예술 분야에도 적용할 수 있을까? 문화·예술 산업에서는 공연 횟수나 입장객 숫자로 측정하는 생산량이 증가함에 따라 평균 생산비가 감소하게 된다. 공연 횟수가 증가하면 공연에 필요한 고정비의 비중이 낮아지고, 그렇게 되면 고객 1인당 제공되는 예술 작품 서비스의 생산 비용이 자연스럽게 감소하는 경향이 있다. 문화·예술 분야는 기술 진보가 더디므로 다른 산업에 비해 생산성 향상도 느리다. 정보·통신 산업에서는 시간의 흐름에 따라 기술 발전이 이뤄져 생산비를 절감할 수 있지만, 문화·예술 산업은 기술 진보가 거의 없거나 느리기 때문에 생산성 지체(productivity lag) 현상이 발생한다. 생산성 하나가 아니라 생산성과 품질을 동시에 추구할 때 문화·예술 산업의 경쟁력이 확보되는 이유이기도 하다.[2]

잠깐 〈투란도트〉의 줄거리를 설명하고 넘어가자. 극의 배경은 중국이다. 투란도트 공주와 혼인을 원하는 남자는 세 가지 수수께끼를 풀어야 하며 실패하면 참수당한다. 그동안 수많은 청혼자가 죽어나갔다. 칼라프는 투란도트를 보고 첫눈에 반한다. 주변 사람들이 만류하는데도 그는 공주의 수수께끼에 도전한다. '희망', '피', '투란도트'라는 세 가지 정답을 차례대로 맞힌 그는 아리아 「아무도 잠들지 말라(Nessun dorma)」(테너)를 부르며 승리를 확신한다. 핑(Ping, 중국의 총리 대신), 퐁(Pong, 주방 대신), 팡(Pang, 재무 대신)은 공주의 잔혹함을 환기하며 중국을 빠져나가라고 권유하지만 칼라프는 듣는 척도 하지 않는다. 결국 공주가 패배를 인정하자 칼라프는 승리의 비결이 사랑이었다고 고백한다. 투란도트는 부왕에게 칼라프의 이름이 '사랑'이라고 설명하며 두 사람이 입맞춤하며 공연은 막을 내린다.

오페라 〈투란도트〉를 올리려면 투란도트 공주, 알툼(Altoum,

중국 황제), 티무르, 칼라프, 류, 핑, 퐁, 팡, 중국 관리 등 최소한 아홉 명의 등장인물이 필요하다. 수익성이 낮은 문화·예술 공연에서 생산성을 높이기 위해 일반 기업처럼 출연자(근로자)를 해고하기란 쉽지 않다. 출연료를 아끼려고 출연자 수를 줄이면 공연 내용이 달라지기 때문이다.

이 오페라를 공연하면서 가장 유명한 아리아 「아무도 잠들지 말라」만 저명한 테너에게 맡기고 나머지 곡은 무명 성악가들이 부른다면 어떻게 될까? 비용을 절감하기 위해 「나의 말을 들어주오!(Signore, ascolta)」(소프라노), 「울지 마라, 류(Non piangere, Liú)」(테너), 「옛날 이 황궁에서(In quest regina)」(소프라노), 「처음 흘려보는 눈물(Del primo pianto)」(소프라노) 같은 나머지 아리아는 녹음한 음악을 재생하거나 무명 성악가를 쓴다면 〈투란도트〉의 느낌과 감동은 완전히 달라질 것이다. 예산을 아끼고 생산성을 높이기 위해 출연자 수를 줄인다면 작품의 질이 떨어지는 위험을 감수해야 한다.

문화·예술 경영에서 생산성을 높이는 문제가 중요하지 않다는 말이 아니다. 땅 파서 장사할 수는 없는 것처럼, 생산성 향상도 작품의 품질을 생각하며 정도껏 추구해야 한다는 뜻이다. 문화·예술은 '가치재(價値財, merit goods)'의 성격을 띠고 있어 시장가격이 형성되지 않을 때는 일반적인 시장재(market goods)에 비해 가치를 평가하기가 어렵다. 문화·예술 기관의 경쟁력은 생산성을 지향하는 것에서만 찾아서는 안 되며 생산성과 서비스 품질을 동시에 추구할 때 높아진다. 따라서 문화·예술 기관은 서비스 생산성을 높이려고 노력하되 작품에서 느끼는 관람객의 감동을 저해하지 않는 범위에서 생산성을 높일 수 있는 아이디어를 찾아야 한다.

21 종교적 문화 다양성을 무시하지 말자

. . . .

"호주나 뉴질랜드에는 양이 많은데, 왜 우리나라에는 소만 많고 양은 없을까?"

"……."

"우리나라에서는 양도소득세를 내야 해서."

아무리 영어를 잘하는 사람도 이런 아재 개그로 외국인을 웃기기는 어려울 터이다. 우리말의 양(羊)과 양도소득세가 영어로도 같은 음으로 시작해야 개그가 성립하는데 그렇지 않다. 이처럼 한 나라의 문화 특성이나 언어가 다른 나라에서도 그대로 받아들여지기는 어렵다. 글로벌 시대에 여러 나라를 넘나드는 기업 경영자들은 다른 문화권에 진출하기에 앞서 공부하고 판단해야할 문화 다양성이 한두 가지가 아니다. 이를 하얗게 만들어준다는 미백 치약은 누런 이를 더 가치 있게 생각하는 아프리카 시장을 뚫기 쉽지 않다. 따라서 국적, 민족, 인종, 종교, 언어, 지역, 성별, 세대 같은 문화 다양성 요인을 세심하게 고려해 글로벌 경영 전략을 전개해야 한다. 육식을 금하는 힌두교의 교리를 경시한 탓에 잘 만든 광고가 중지된 사례를 통해, 글로벌 비즈니스에서 종교 문화에 대한 이해가 얼마나 중요한지 느껴보자.

호주 축산공사(MLA: Meat & Livestock Australia)의 '양고기 바비큐 파티' 편(2017)을 보면 여러 세계적인 종교 지도자들이 등장하는 게 눈에 띈다. 예수(Jesus), 모세(Moses), 아프로디테(Aphrodite), 부처(Buddha), 가네샤(Gaṇeśa), 제우스(Zeus)를 비롯해 여러 종교의 지도자, 선지자, 메시아가 한자리에 모여 바비큐 파티를 하고 있다. 인간의 몸에 코끼리 머리가 달린 가네샤는 힌두교의 신이다. 여기에 할리우드 영화 〈스타워즈(Star Wars)〉 시리즈의 가상 캐릭터 오비완 케노비(Obi-Wan Kenobi)와 사이언톨로지(Scientology)교를 창시한 로널드 허버드(Ronald Hubbard)도 합석했다.

광고가 시작되면 모세와 예수가 대화를 나눈다. "지저스, 하느님 아버지는 어디 계시는 거야?" "어디에나 존재하시죠. 하느님은 언제나 임하시니까요." "고마워, 동생. 이 양고기 너무 좋아.

호주 축산공사 '양고기 바비큐 파티' 편

광고로 배우는 경영 통찰력

식단 지키려면 지옥이겠는걸?" 한편 아프로디테가 "괜찮아, 난 운전사 필요 없어"라며 직접 운전한다고 하자, 예수가 레드 와인을 물로 바꿔버리며 "봤어? 변화의 기적"이라며 장난을 친다. 휴대폰 신호음이 울리자 신들은 "너, 알람 울리는 것 같다", "이거 어떻게 하는 거야?", "모세, 그것 좀 나한테 줘봐"라며 신기해한다. 부처가 가네샤를 보며 "우리가 실내에서 코끼리에게 말을 걸어야 하나?"라고 농담하자, 가네샤는 부처에게 "2500년 전에도 안 웃겼고 지금도 안 웃겨"라며 응수한다.

파티에 참석하지 못한 마호메트(Mahomet)로부터 전화가 걸려왔다고 하자 예수가 "어떻게 생겼어?"라고 묻는다. "그냥 신처럼 생겼어"라는 대답에 모두들 "너무 안되었다"라며 한바탕 웃음보가 터진다. 호주에서 사이언톨로지교가 급성장하고 있다며 허버드가 자기 종교를 자랑하자, 모세는 "밥상에서 종교는 거론하지 말자"라고 제안한다. "우리는 더 우수한 마케팅 팀이 필요해"(가네샤), "헌금을 팸플릿 만드는 데 더 써야 했는데"(예수) 같은 농담을 나누며 모두 자기 종교를 위해 건배한다. 그러자 모세가 모두가 먹을 수 있는 양을 위해 건배하자고 제의한다. "양을 위해!"라고 건배를 외치는 중에도 "우린 더 자주 만나야 해", "맞아, 그래야 더 나은 세상을 만들 수 있지"와 같은 덕담이 계속된다. "양고기, 절대 혼자 먹지 마세요(YOU NEVER LAMB ALONE)"라는 자막이 나오며 광고는 끝난다.

양고기는 누군가와 함께 먹으라는 마케팅 메시지도 인상적이지만 전개 방식 자체가 무척 재미있고 유머러스한 광고다. 하지만 2017년 9월에 첫 광고가 나가자 서호주지역인도인협회는 호주 축산공사에 광고 메시지에 대해 사과하고 광고를 중지해달라고 요구했다. 힌두교에서 지혜와 학습의 신이자 장애와 역경을 걷어내는 신으로 추앙받는 가네샤는 채식주의자인데, 신이 양고기를 먹는다는 설정이 신성(deity) 모독에 해당한다는 이유에서였다.[3] 제시한 광고에서 세 번째 컷을 보면 가네샤 앞에 놓인 접시에 양갈비가 가득 담겨 있는데 아홉 번째 컷에서는 말끔히 비워져 있음을 알 수 있다. 식탁 위에 동그란 선으로 표시된 부분을 살펴보자.

시드니 주재 인도 영사관도 가네샤는 물론이고 다른 종교 지도자들이 양고기를 먹는 장면은 해당 종교의 문화를 전혀 이해하지 못한 무지의 소치라며 비난했다. 뉴스를 통해 소식을 접한 인도 본토의 힌두교인들도 "우리 신은 고기를 먹지 않는다!"라며 집

단적으로 분노의 메시지를 전했다. 논란이 확산되자 호주 광고
표준국(Advertising Standards Bureau)은 "다양한 문화권에서 양고기
를 즐긴다는 메시지를 전달함으로써 서로를 더 잘 이해하자는 광
고이며, 특정 종교를 모독하려는 목적은 절대 아니다"라며 진화
에 나섰지만, 인도인들의 분노는 쉽게 가라앉지 않았다. 논란이
계속되자 호주 광고표준국은 처음의 입장을 바꿔 2017년 11월 중
순에 호주 축산공사에 광고 중지 명령을 내렸다.[4]

호주 축산공사의 광고는 종교적인 신념이나 배경에 관계없이
양고기를 매개로 모두가 소통하자는 훌륭한 메시지를 전달했다.
비록 짧은 기간이었지만 양고기 소비도 3.2퍼센트 증가했다. 그
럼에도 종교적 문화 다양성을 경시하고 각 종교의 교리를 잘 알
아보지 않은 채 광고를 만들었다가 크게 낭패를 보고 말았다. 광
고에서 종교 소재를 활용할 때는 그래서 신중에 신중을 기해야 한
다. 종교를 소재로 다룬 광고에서 가장 중요한 알짬이라 할 교리
파악에 소홀한 탓에 거액의 제작비가 투입된 광고가 중지되고 말
았다. 광고 창작자들이 사전에 종교 전문가에게 자문을 구했다
면, 그럴 시간이 없으면 힌두교에 대해 잠깐이라도 검색을 했다
면, 최소한 이런 일은 없었으리라.

글로벌 경영자들이여, 양고기 하나쯤이라고 여기면 절대 안 된다. 해외 진출에 앞서 종교적 문화 다양성에 대해 심사숙고해야 한다. 아무리 광고의 취지가 좋다고 해도 자기들의 교리와 어긋나는 내용까지 수용해줄 종교는 없다. 11세기부터 13세기 후반까지 이어진 중세 십자군 전쟁도 교리 수호를 위한 성전(聖戰)이 아니었나? 종교가 없는 사람들은 이해할 수 없겠지만, 오죽했으면 귀한 목숨까지 내걸고 무려 200년 동안이나 싸웠겠는가?

22 시니세(老舗)에서 배우는 오래된 사랑

모두가 오래오래 가는 사랑을 꿈꾼다. 경영자들 역시 오래오래 가는 기업을 일구려고 노력할 터이다. 하지만 어려운 일이다. 기업의 평균수명이 30년이라는 통계치가 말해주듯, 오래가는 기업을 만들기란 생각처럼 쉽지 않다. 어디 기업뿐이랴, 작은 가게를 운영하는 일도 마찬가지다. 하루걸러 한 집씩 새로운 가게가 개업과 폐업을 반복하는 것을 보면, 그리고 열 쌍 중 세 쌍이 이혼한다는 사랑의 경영에 실패한 수치를 보면, 모든 경영에는 위험이 도사리고 있는 듯하다.

이토록 수상한 시절에 유서 깊은 가게를 뜻하는 노포(老舗)라는 말이 특별한 의미로 다가온다. 일본에서는 노포를 '시니세(老舗, しにせ)'라고 한다. 시니세는 동사 '시니스(しにす)'에서 유래한

것으로 '따라 하다'는 뜻인데, 에도(江戸, 1603~1867) 시대 이후 '가업을 잇는다'는 의미로 사용되었다. 한국에서는 주로 오래된 가게나 음식점을 가리키는 말로 쓰이지만, 일본에서는 '시니세 상장기업(老舗上場企業)'이라는 말이 들어간 기사 제목을 심심찮게 볼수 있는데, 일본에서 시니세는 오래된 기업 전체를 포괄하는 말이다. 일본의 대표적인 시니세 기업을 알리는 광고 영상물에서 '오래오래'의 가치를 느껴보자.

일본 시니세 기업 중 하나인 곤고구미(金剛組, こんごうぐみ)의 홍보 영상 '오가와 칸지' 편(2015)을 보자. 세계적인 명사 500명을 소개하는 영상 시리즈에 곤고구미의 회장 오가와 칸지(小川完二)가 선정되어 그가 어떻게 회사를 지켜냈는지 소개했다. 2006년 곤고구미 계열의 건설사가 위기에 봉착하며 1430년 기업 역사가 막을 내리려 하자, 그는 후지은행(지금의 미즈호은행)에 사표를 내고 곤고구미를 위기에서 건져 올릴 구원투수로 합류했다. 그는 회사 경영의 문제점을 섬세하게 진단한 다음, 곤고구미의 전통을 지키는 인정 넘치는 드라마를 써 내려갔고 결국 회사를 정상 궤도에 올려놓았다.

곤고구미는 지금부터 약 1440년 전인 578년에 창립된 세계

곤고구미의 홍보 영상 '오가와 칸지' 편

에서 가장 오래된 기업으로 알려져 있다. 이 회사는 일본 쇼토쿠 (聖德) 태자의 초청으로 백제에서 일본으로 건너간 세 사람의 장인 이 설립했다. 이들의 후손은 에도시대까지 목수로 활동했는데,

곤고 시게미쓰(金剛重光, 한국명 유중광)는 백제인 목수의 대표였다.[5] 이들은 593년에 오늘날 일본에서 가장 오래된 사찰인 오사카 시텐노사(四天王寺, 우리의 사천왕사에 해당)를 건축한 이후, 607년에 우리에게 〈금당벽화〉로 친숙한 사찰 호류사(法隆寺)를 완공했다. 이후 이들이 일본에 남아 대대손손 시텐노사의 증축과 유지 보수를 맡은 것이 곤고구미의 시작이었다. 1955년 이후에는 주식회사로 변모했고, 현재 이 회사는 사찰, 아파트, 빌딩 신축은 물론이고 문화재 건축물의 복원과 고(古)건축을 다루는 분야에서 독보적인 기업으로 평가받고 있다.

교토를 소개하는 영상 '좋은 곳(いいとこ)' 편(2012)도 인상적이다. 이 영상에서는 구운 떡으로 유명한 이치몬지야와스케(一文字屋和輔, いちもんじやわすけ)를 소개했다. 일본인들은 이치몬지야와스케가 이름이 길다면서 '이치와(一和, いち和)'로 짧게 줄여 부르기도 한다. 헤이안(平安, 794~1185)시대인 1000년에 창업한 곳으로, 현재 일본에서 가장 오래된 전통 과자점으로 알려져 있다. 지금으로부터 무려 1000여 년 전에 창업한 구운 떡 전문점이 오늘날까지 살아남아 일본의 시니세 기업 3위에 올라와 있으니 그저 놀라울 따름이다.

교토 안내 영상 '좋은 곳' 편

이 영상은 이치와에 대해 다음과 같이 설명했다. 서기 1000년에 사찰 고류사(香隆寺)의 명물 떡인 오카친(勝餅, おかちん)을 이마미야신사(今宮神社)에 봉납한 일에서부터 이치와가 시작되었다는 것이다. 여러 건물이 밀접해 있는 가게인데 낡은 건물은 겐로쿠(元禄, 1688~1704) 시기에 건축되었고, 새로운 쪽도 다이쇼(大正, 1912~1926) 시기에 만들어졌다는 것이다. 과자점 내부에는 헤이안 시대에 만들어진 직경 3미터짜리 큰 우물이 있지만, 위생상 문제 때문에 지금은 가게의 다른 우물에서 물을 끌어 올려 쓰고 있다고 한다. 한입 크기의 떡을 대나무 꼬치에 꽂아 콩가루를 묻혀 매장에서 굽는데, 노릇노릇하게 구워지면 접시에 담아 달콤한 된장 양념을 살짝 흘려 아부리모치(あぶり餅, 구운 떡)를 완성한다고 설명하며 보는 이의 군침을 돌게 한다.

　2017년에 서울시는 종로와 을지로를 중심으로 39곳의 '오래가게'를 선정한 다음 『더, 오래가게』(2017)라는 소개 책자를 출간한 바 있다.[6] 2018년에도 서울 서북권을 중심으로 26곳을 인증했으며 앞으로 계속 늘려나갈 예정이라고 한다.[7] 서울의 관광산업과 연계하려는 기획일 텐데 역사성, 일관성, 전통성, 고객 만족도 등을 고려해 신중하게 선정해야 한다. 일본에서는 시니세 음식점으로 선정할 때 얼마나 오래되었고 얼마나 오래된 맛과 메뉴를 그대로 유지하고 있는지가 중요한 판단 기준이 된다. 서울시의 '오래가게' 기획이 얼마나 감동적인 결과를 낳을지는 지켜봐야겠지만, 지나치게 관광 상품화를 추구하다 보면 본질이 흐려질 수도 있다. 시니세를 누가 선정한다고 해서 모두에게 인정받는 것은 아닐 테니, 이런 점을 특히 경계해야 한다.

기업 간의 경쟁이 치열한 만큼 설립하자마자 도태되어 종말을 맞는 곳도 부지기수다. 이러니 시니세가 존경의 대상이 될 수밖에 없다. 일본어 시니세를 우리말로 옮기면 장수 기업이다. 세계 장수 기업들의 친목 모임인 레 제노키앙(Les Henokiens)이 조사한 결과 일본에는 200년 이상 이어진 시니세가 3150여 곳이나 된다고 한다. 놀라운 일이다. 곤고구미와 이치와를 비롯한 일본 시니세들의 공통점은 규모가 성장했다고 해서 함부로 다른 영역에 손을 뻗치지 않고 오로지 한 우물만 팠다는 것이다. 변화를 시도하더라도 과자점이면 과자의 메뉴를 늘리는 정도였으며, 과자에서 돈을 벌었다고 건설업에 진출한다든가 하는 일은 벌이지 않았다는 말이다.

모두가 변화와 변신을 외치는 시대에 시니세는 변하지 않는 것의 소중함이라는 가치를 알려준다. 오래오래 가는 기업을 일구고 싶은 경영자라면 시니세 사례를 폭넓게 공부하기를 바란다. 늘 조금씩 변해가면서도 본질은 결코 변하지 않으려면 무엇을 어떻게 해야 하는지 시니세에서 느낄 수 있으리라. 오래오래 가는 사랑을 꿈꾸는 커플들도 노포에 가보기를 바란다. 그곳에 가면 조금씩 변해가면서도 결코 변하지 않는 그 무엇이 기다리고 있을 테니까 말이다.

23 출발어는 같아도 도착어는 달라진다

"가는 말이 고와야 오는 말이 곱다."

누구나 아는 속담이지만, 가는 말이 고와도 오는 말이 곱지 않을 때도 있다. 가는 말이 아무리 고와도 그 내용이 만족스럽지 않거나 듣는 이가 다른 뜻으로 받아들이면 오는 말이 고울 수 없다. 일터나 가정에서 흔히 접하는 일이다. 직장 상사의 지시가 고운 말로 출발했어도 받아들이는 쪽의 마음에 다른 뜻으로 도착하는 경우가 많다. 말뿐이겠는가. 글도 마찬가지다. 휴대폰 문자를 보낼 때 조사를 하나 잘못 써서 오해를 사는 경우도 있다. 화자와 청자 사이에 발생하는 오해와 오독의 간격은 외국어를 우리말로 번역할 때 겪는 과정과 퍽 흡사하다.

외국어를 번역할 때 출발어와 도착어 문제를 늘 고민해야 한다. 예를 들어 영어를 우리말로 번역한다면 영어는 출발어(source text, 원천어)이고 우리말은 도착어(target text, 목표어)다. 필자도 영어책 여섯 권을 번역해보았지만, 원문에 충실해 일대일로 번역할지 의역해 매끄러운 우리말로 바꿀지 고민이 많았다. 그 과정에서 필자 나름대로 내린 결론은 이렇다. 옳은 번역이란 없고 좋은 번역은 가능하다는 것이다.

허먼 멜빌(Herman Melville)의 소설 『모비 딕(Moby Dick)』(1851)의 첫 문장, "Call me Ishmael"을 어떻게 번역하면 좋을까? 번역가 이가형은 "내 이름은 이스마엘이라 부른다"로, 번역가 김석희는 "내 이름을 이슈메일이라고 해두자"[8]로 옮겼다. "나를 이슈메일이라 불러줘"라고 할 수도 있겠고, 구글 번역기에 돌려 보니 "이스마엘이라고 불러주세요"라는 결과가 나온다. 이 일인칭소설의 주인공인 선원은 자기 이름을 밝히고 싶어 하지 않는다. 김석희 선생은 이런 익명성의 맥락을 고려해 '……라고 해두자'라는 탁월한 번역을 해냈다. 영어라는 출발어에 충실하되 소설의 맥락과 한국어의 말맛을 고려해 적절한 우리말 도착어로 번역한 셈이다. 출발어와 도착어의 타당성 문제는 외국 영화를 번역해 소개하는 영화광고에서 극명하게 엇갈린다.

할리우드 영화 〈사랑과 영혼(GHOST)〉(1990)의 광고를 보자. 죽어서도 연인을 떠나지 못하는 가슴 시린 사랑을 묘사한 이 영화는 데미 무어(Demi Moore)와 패트릭 스웨이지(Patrick Swayze)가 각각 남녀 주연을 맡았다. 만약 원래 영어 제목인 〈GHOST〉에 충실하게 제목을 '유령'이라고 번역했다면 흥행에 성공했을지 의문이다. 영화는 일반적인 상품들처럼 만져보거나 먼저 써볼 수 없다. 따라서 영화 제목과 광고가 영화 선택

〈GHOST〉미국 영화 포스터(위)와
〈사랑과 영혼〉한국 영화광고(아래)

에 미치는 영향력은 상상 이상이다. 그래서 '유령'이라는 출발어를 우리 정서에 맞게끔 〈사랑과 영혼〉이라는 도착어로 탁월하게 번역했다. 미국 광고에서는 남녀가 진하게 포옹하는 장면에 "살

해되기 전 샘은 몰리에게 그녀를 영원히 사랑하고 보호하겠다고 말했다(Before Sam was murdered he told Molly he'd love and protect her forever)"라는 카피를 붙였다.

우리나라에서는 같은 영화광고에 〈사랑과 영혼〉이라는 제목을 붙이고 상단에 "아! 슬픈 그림같은 사랑"이라는 헤드라인을 넣었다. 이어서 "참으로 신비합니다. 마음속의 사랑만은 데려갈 수 있으니까요!"라는 보디카피를 써 신파조의 느낌을 만들어냈다. 그래서인지 유령의 분위기는 전혀 느껴지지 않는다. 이 영화는 168만 3200명의 관객 수(서울 기준)을 달성하면서 우리나라에서 외국영화의 직배가 시작된 1987년 이후 1993년 말까지 국내 개봉 영화 중에 흥행 1위를 차지했다.[9]

재미있게도 이 영화는 시간이 한참 흘러 〈고스트〉(2010)라는 제목으로 리메이크되었다. 한국의 송승헌과 일본의 마쓰시마 나나코(松嶋菜々子)가 열연한 이 영화는 한국과 일본에서 동시에 상영되었다. 그런데 같은 제목인데도 영화광고의 헤드라인은 다르다. 한국 광고에서는 "지금, 당신은 사랑하는 그의 곁에 있습니까?"라고 했다. 반면에 일본에서는 "이 세상에 남긴 분실물. 말하지 못했던 '사랑해'(この世に殘した忘れ物. 言えなかった'愛してる')"라는

〈고스트〉 한국(왼쪽)과 일본(오른쪽) 영화 포스터

헤드라인을 썼다. 두 나라의 카피라이터들은 영화의 내용이 같
더라도 자기 나라의 정서에 알맞은 도착어를 골라 헤드라인을 쓴
것이다.

이 밖에도 〈Butch Cassidy and the Sundance Kid〉는 〈내일
을 향해 쏴라〉(1969)로(이 영화는 일본어 제목도 〈明日に向って撃て!〉로
같다), 〈Charlie's Angels〉은 〈미녀 삼총사〉(2000)로 번역되었다.
물론 〈쥬라기 공원(Jurassic Park)〉(1993)이나 〈패션 오브 크라이스
트(The Passion of the Christ)〉(2004)처럼 원문을 그대로 살린 영화도

있다. 신학에서는 예수의 수난을 '패션(Passion)'이라고 한다. 하지만 보통은 패션의 뜻을 '열정'으로만 알고 있어 영화 제목을 '예수의 열정'으로 오해할 수 있으니 〈예수의 수난〉으로 번역했어야 타당하다. 신학 용어에 비교적 친숙한 서양 문화권의 대중에게는 패션을 출발어 그대로 써도 무방하지만, 한국인들에게 들어오는 도착어는 일상적인 의미 수준으로 받아들여지기 때문이다.

경영자의 말 한 마디나 글 한 줄이 본뜻과는 전혀 다른 맥락에서 해석되는 경우가 많다. 때로는 사회적으로 큰 파장을 일으키기도 한다. 도착어를 헤아리지 않고 출발어를 내보낸 경영자가 여론의 뭇매를 맞는 일도 흔했다. 상대방이 받아들일 도착어를 생각해본 다음에 출발어를 내보내면 어떨까 싶다. 상대방이 받아들일 다양한 해석의 가능성을 생각해본 후에 출발어를 내보내자는 뜻이다.

아무 쓸모도 없는 논문을 쓰는 것보다 번역을 하는 편이 훨씬 더 세상에 도움이 된다고 했던 요네하라 마리(米原万里)는 일찍이 "부실한 미녀인가 정숙한 추녀인가(不實な美女か·貞淑な醜女か)"라는 화두를 던지며 번역의 어려움을 토로한 바 있다.[10] 번역가 김석희 선생은 일대일로 번역하는 '성실한 추녀(醜女)'와 맥락을 고려

해 번역하는 '불성실한 미녀(美女)' 사이의 접점을 찾는 데 번역의 성패가 달려 있다고 했다.[11] 마찬가지로 접점 찾기는 경영자에게도 반드시 필요한 덕목이다. 경영자들은 보통 자기 입장에서 출발어를 내놓지만, 도착 지점의 배경이나 맥락을 고려해야 그 말이 순조롭게 도착할 것이다. 어디 기업 경영에서만 그렇겠는가?

24 스마트워크를 실현해 '저녁이 있는 삶'을

많은 기업이나 단체에서 업무 혁신의 바람이 불고 있다. 민간 기업에서 시작된 이 바람은 정부 부처와 공기업에 이르기까지 거세게 불고 있다. '스마트워크(Smart Work)'라는 이름의 이 움직임은 시간과 장소에 얽매이지 않고 언제 어디서나 자유롭게 일할 수 있는 체제를 의미한다. 미래 지향적인 업무 환경이므로 과거의 하드워크(Hard Work)와 대비된다. "언제 어디서나 잊지 못할 거야!" 같은 첫사랑의 이별 멘트처럼, 마음만 먹는다면 '언제 어디서나(Anytime and Anywhere)' 일할 수 있는 것이 스마트워크의 핵심 개념이다.

스마트워크에는 집에서 업무를 보는 재택근무, 쌍방향 휴대 기기를 활용해 외부에서 일하는 모바일 오피스, 집이나 업무 현

장과 가까운 곳에 위치한 스
마트 일터에서 일하는 세 가
지 업무 형태가 있다. 지식·
정보 사회는 스마트워크가 완
벽하게 구현되는 순간에 비
로소 완성된다. 스마트워크

마이크로소프트 옥외광고 '오피스 365' 편

의 가치를 추구하다 보면 사람이 일하는 것이 아니라 사람과 일이
같이 움직인다는 사실을 깨닫게 되며, 단순한 직장이 아닌 직업
적인 자부심을 추구하게 된다. 두 편의 광고를 보며 스마트워크
의 면모를 느껴보자.

마이크로소프트(Microsoft)의 옥외광고 '오피스 365' 편(2013)은
'어디서나 일한다(Work from Anywhere)'는 통합적 마케팅 캠페인의
일부로 진행되었다. 건물 앞 의자에는 한 여성이 앉아 열심히 스
마트폰을 들여다보고 있다. 의자 등받이에는 "여기 앉아 있는 동
안 무료 와이파이를 즐기세요[While sitting here (and enjoying the free
Wi-Fi)]"라는 카피가 인쇄되어 있다. 이 두 가지가 광고에서 말하
고자 하는 내용의 전부다. 더 이상 설명이 필요 없다.

마이크로소프트가 태블릿과 모바일을 위한 오피스 365(Office

365) 데모 버전을 발표한 직후에 설치한 옥외광고다. 광고회사 유엠런던(UM London)이 기획한 이 광고에서는 눈과 물체와의 상대적인 차이인 시차(parallax, 視差)를 사용

호주 국방군 모바일 광고 '언제 어디서나' 편

자들이 어디서든 체험할 수 있게 했다. 사용자에게 동일물이 다른 장소에서 보면 다른 위치나 형태로 보이는 시차를 체험하도록 함으로써, 사람들이 오피스 365만 갖추면 언제 어디서나 자유롭게 일할 수 있다는 매력적인 혜택을 가시적으로 보여주었다.

호주 국방군(Australian Defence Force)의 모바일 광고 '언제 어디서나' 편(2012)은 피 끓는 청년들에게 호소하는 모병 광고다. "언제 어디서나(ANYTIME ANYWHERE)"라는 헤드라인 아래 호주군이 하는 일들을 하나하나 소개하고 있다. 언제 어디서나 군인이 할 수 있는 특별한 역할과 보람을 강조한 점이 이채롭다. 광고회사 GPY&R 시드니(GPY&R Sydney)에서 주관한 이 광고는 직접 마케팅 활동의 일환으로 전개되었다. 호주 국방군의 광고가 나간 후에 여러 나라의 국방부가 기존의 전통적인 모병 광고 스타일을 바

꾸었을 정도로 이 광고는 주목을 끌었다.

스마트워크의 핵심 개념은 혁신 의식이다. 여러 기업과 공공 기관이 마이크로소프트나 구글의 기업 문화를 벤치마킹하지만, 말로만 혁신을 외치고 실제로는 의식을 바꾸지 않기 때문에 쉽게 변하지 못한다. 모든 혁신에는 수용자와 저항자가 있기 마련이고, 변화를 시도할 때마다 갑자기 수면 위로 모습을 드러내는 괴물처럼 변화를 가로막는 '변화 괴물'도 있다. 인류학자 에버렛 로저스(Everett Rogers)는 『혁신의 확산(Diffusion of Innovation)』(1962)에서 혁신의 수용 곡선을 제시했다. 확산이란 구성원들에게 시간의 흐름에 따라 일정한 경로를 통해 전달되는 혁신 과정이다. 혁신, 소통 경로, 사회 체계, 시간이라는 네 가지 요인이 혁신의 확산에 결정적인 영향을 미친다. 혁신이 필요한데도 조직 전체에 걸쳐 대규모의 혁신을 수행하기란 결코 쉽지 않다. 혁신의 발목을 잡는 갖가지 조직적인 타성(惰性)이 남아 있기 때문이다.

정보·통신 기술(ICT: Information and Communications Technologies)을 바탕으로 업무 혁신을 추구하는 효율적이고 스마트한 환경을 조성하거나 원격 근무를 위한 인프라를 구축하는 작업도 반드시 선행되어야 한다. 재택근무, 모바일 오피스, 스마트 일터를 구현하려면 사무실 밖에서 이용 가능한 모바일 기기를 설치하고 원래 근무지와 원활하게 소통할 수 있는 영상 회의 시스템을 마련할 필요가 있다. 하지만 그보다 중요한 것은 인식의 전환으로 업무의 군살을 제거해 일할 때 집중적으로 일하고 쉴 때는 쉬는 문화를 정착시키는 것이다. 한국의 연간 1인당 노동 시간은 2016년 기준 2069시간으로 경제협력개발기구 35개 회원국 중에 2위지만, 1인당 노동생산성은 28위(시간당 31.8달러)로 최하위권이다.

일하는 시간은 많지만 노동생산성이 최하위라면 그만큼 쓸데없는 일을 많이 한다는 뜻이다. 일반 기업이든 공공기관이든 학교든 그게 어디든 본질적이고 중요한 일을 수행하는 데도 다들 바빠 죽을 지경이다. 그런데도 가령 구두 보고로도 충분할 일을 관행적으로 보고용 서류를 만드느라고 시간을 날리는 경우가 많다. 쓸데없는 일은 없애고 '꼭 필요한 일'을 스마트하게 하는 업무 혁신이 필요하다. 일과 가정의 균형(워라밸, Work-Life-Balance), 낡은 업무 관행의 제거, 업무 프로세스 개선, 협업과 소통 문화의 확산은 이제 시대적인 과제가 되었다.

보고용 서류 줄이기, 회의 시간 줄이기, 대면 보고 최소화, 시차 출퇴근제, 근무시간 선택제, 집약 근무제, 유연 근무제, 초과

근무 금지, 야근 없애기, 남성 육아휴직제, 월 1회 연가 사용, 주어진 휴가 쓰기 같은 사안을 적극적으로 고려할 때다. 동시에 일하는 동안에는 사적인 용무 등 업무 집중도를 떨어뜨리는 행위를 지양하고 오로지 일에만 몰입하는 '집중근무시간제' 같은 제도도 운영해볼 필요가 있다.

일할 때는 집중하고 쉴 때는 확실하게 쉬어줘야 한다. 사람의 몸과 마음이 느끼는 진실이자 스마트워크의 지향점이다. 직장인들이 '저녁이 있는 삶'과 '주말이 있는 삶'을 누려야 일과 가정의 균형감을 회복할 수 있다. 그렇게 되면 결국 노동생산성을 높이는 활력으로 작용할 것이다. 조직 문화를 바꾸는 과정은 정원을 가꾸는 것과 비슷하다. 경영자부터 먼저 솔선수범해 수시로 잡초를 솎아내고 꾸준히 물을 줘야 일터에 스마트워크가 깊이 뿌리내릴 수 있다. 기업이나 공공단체의 경영자부터 좋은 일터 가꾸기에 앞장서야 하는 까닭이다.

5
장

공공의
가치도
중요하다

Business Insights Learned through Advertising

25 '단 하나의 나'를 말해주는 건 뭐지?

모든 인간은 유일한 하나의 존재다. 세상에 비슷한 사람은 있어도 똑같은 사람은 없으니 '단 하나의 나'만 존재할 뿐이다. 그런데 기업은 본질적으로 이윤을 추구한다. 따라서 기업 경영자는 이윤 추구라는 목표를 위해 직원들 각각의, 단 하나의 나라는 개성을 존중하지 못한 채 획일적인 업무를 지시하고 성과를 요구하는 경우가 많다.

이럴 때마다 직원들은 단지 겉으로만 따르는 듯한 느낌을 주니, 경영자들은 이래저래 고민이 깊을 수밖에 없다. 전체주의 체제나 군부독재 시절에는 국가가 '하나하나의 나'인 국민을 정해진 틀에 가두고 획일적인 생각을 강요하기까지 했다. 각자의 개성과 스타일을 살려주면서 즐겁게 일할 방법은 없을까? 명품 브

랜드인 티파니(Tiffany & Co)의 광고 캠페인에서 작은 단서를 찾아
보자.

패션 명품 브랜드로 잘 알려진 티파니는 2017년 '단 하나의 나'
라는 주제로 광고 캠페인을 전개했다. "세상에 존재하는 스타일
과 창조적인 힘은 한 개인과 만났을 때 비로소 생명력을 얻는다"
라는 브랜드 스토리를 각기 개성이 다른 여섯 명의 인물과 연결
시켰다. 세계적인 패션 사진작가 듀오 이네즈 앤드 비누드(Inez &
Vinoodh)가 배우, 가수, 모델 등 창의적인 예술가 여섯 명의 인물
사진을 촬영했다. 광고의 구조는 티파니 제품을 착용한 인물 사
진을 제시하고, "단 하나의 나(There's Only One + 사람 이름)"라는 카
피를 덧붙이는 형식이다.

'엘 패닝' 편(2017)에는 미국의 국민 여동생으로 사랑받는 세
계적인 배우 엘 패닝(Elle Fanning)이 나온다. 그녀는 언니인 다코
타 패닝(Dakota Fanning)과 함께 아주 어릴 적부터, 그러니까 걷기
시작하면서부터 연기와 모델 활동을 한 것으로 유명하다. 〈아이
엠 샘(I am Sam)〉(2001)에 아역으로 출연하며 연기 활동을 시작했
으며, 곧이어 언니와 함께 할리우드의 요정 자매로 명성을 얻었
다. 이 광고에서 매력적인 금발을 우아하게 소화한 그녀는 베스

티파니 '엘 패닝' 편(위)과 '조 크래비츠' 편(아래)

트셀러인 티파니 키(Tiffany key) 시리즈를 더욱 빛냈다.

　'조 크래비츠' 편(2017)에서는 가수, 배우, 모델 등 다방면에서 적극적인 활동을 보인 조 크래비츠(Zoë Kravitz)의 스타일을 느낄 수 있다. 155센티미터라는 작은 키에도 불구하고 〈사랑의 레시피(No Reservations)〉(2007)로 데뷔한 이후 여러 분야에서 활동해온 결과 이제 그녀는 세계적인 스타가 되었다. 할리우드 영화에 출연하며 형성한 자신만의 캐릭터를 바탕으로, 이 광고에서 그녀는 티파니 하드웨어(Tiffany HardWear) 컬렉션을 대범하게 소화하면서도도하고 자신감 넘치는 자태를 보여주었다.

'캐머런 러셀' 편(2017)에서는 미국 출신의 세계적인 슈퍼 모델이자 환경 운동가인 캐머런 러셀(Cameron Russell)이 지면을 압도한다. 큰 키를 무기 삼아 속옷 모델로 명성을 얻은 그녀는 사람을 외모로 판단하면 안 된다고 주장하며, "눈으로 보이는 것이 전부는 아니다. 내 말을 믿어라. 나는 모델이다"라는 명언을 남겼다. 열여섯 살 때부터 모델로 활동해온 그녀는 이 광고에서 티파니 T투(Tiffany T Two) 반지의 고급스러운 이미지를 전달하는 데 손색없는 표정을 지어주었다.

'애니 클라크' 편(2017)에서는 2014년 내한 공연을 통해 우리에게도 친숙한 음악가 애니 클라크(Annie Clark)가 인사한다. 그녀가 솔로로 주도한 '세인트 빈센트(St. Vincent)' 프로젝트는 우리 시대에 가장 첨단에 가까운 음악이라는 평가를 받았다. 그녀는 삶에서 지속적으로 경험해본 사실을 표현하는 것이 자신의 음악에서 가장 중요하며, 그것이 예술이라고 했다. 클라크는 이 광고에서 티파니 빅토리아(Tiffany Victoria)의 우아한 아름다움을 더욱 생생하게 빛내주었다.

'데이비드 홀버그' 편(2017)에서는 세계적인 발레리노 데이비

티파니 '캐머런 러셀' 편(왼쪽 위), '애니 클라크' 편(오른쪽 위),
'데이비드 홀버그' 편(왼쪽 아래), '저넬 모네이' 편(오른쪽 아래)

드 홀버그(David Hallberg)가 등장했다. 열 살 때부터 재즈와 탭댄
스를 배우기 시작한 그는 미국인으로서는 사상 최초로 러시아 볼
쇼이(Bol'shoi) 극장의 수석 남자 무용수 계약을 맺으며, 세계 무용
계에서 엄청난 반향을 불러일으켰다. 자신이 춤을 얼마나 잘 추
는지 아무도 관심을 두지 않을 때부터, 그는 늘 최고의 발레리노
를 꿈꾸었다고 한다. 광고에서 그는 티파니 패션(Tiffany Fashion)
의 탁월한 아름다움을 구현해냈다.

　'저넬 모네이' 편(2017)에서는 2017년 국내에도 개봉된 영화

〈히든 피겨스(Hidden Figures)〉의 주연을 맡아 한국인들에게 친숙한 배우이자 싱어송라이터 저넬 모네이(Janelle Monáe)가 정면을 응시한다. 그녀는 〈디 아크안드로이드(The ArchAndroid)〉(2010), 〈디 일렉트릭 레이디(The Electric Lady)〉(2013)라는 두 장의 앨범을 발표하며 대중음악계의 스타로 떠올랐다. 최근에는 앨범 〈더티 컴퓨터(Dirty Computer)〉(2018)를 통해 21세기를 대표하는 아티스트로 자리매김했다. 그녀는 티파니 클래식(Tiffany Classic) 하트 펜던트를 바탕으로 시간을 초월한 혁신적인 스타일을 선보였다.

세계적인 명품 브랜드 티파니는 1837년 뉴욕에서 탄생했다. 그러니까 180여 년의 브랜드 역사를 지닌 셈이다. 패션, 파인 주얼리, 하이 주얼리, 웨딩 주얼리, 시계 등을 만들며 특히 다이아몬드를 다루는 데 권위를 인정받았다. 세계 최초의 웨딩 링 티파니 세팅, 아이코닉(iconic)한 블루박스 등으로 널리 알려져 사랑받는 주얼리 브랜드다. 전 세계 28개국에서 300개 이상의 매장을 운영하고 있으며 한국에는 1996년에 1호점을 열었다.

'단 하나의 나' 광고 캠페인에서는 개인의 힘, 개성, 자기표현이 인생에서 가장 중요하다고 강조한다. 티파니의 최고예술관리자(Chief Artistic Officer) 리드 크라코프(Reed Krakoff)는 이 캠페인을 기획하며 티파니의 핵심 가치는 창의성, 열정, 긍정성이라는 점을 힘주어 설명했다. 이 광고 캠페인은 등장한 인물들의 독창적인 스타일도 이목을 끌었지만, 사람들에게 단 하나의 나가 누구이며 자신만의 스타일이 무엇인지 되돌아보게 했다는 점에서 특히 대단한 반향을 일으켰다.

인간을 외로운 존재로 묘사하며 단 하나의 나를 강조하는 예술 작품이 많다. 결혼식 축가로 널리 알려진 가수 이재훈의 노래 「단 하나의 사랑」(2004), 일본 NTV 드라마 〈단 하나의 사랑(たったひとつの恋)〉(2006), 은희경의 소설 『다른 모든 눈송이와 아주 비슷하게 생긴 단 하나의 눈송이』(2014), 한국어로 시를 쓰는 일본 시인 사이토 마리코(齋藤眞理子)의 『단 하나의 눈송이』(2018) 같은 작품을 읽으면 한결같이 세상에 단 하나뿐인 그 무언가를 강조하고 있다.

기업 경영자들도 이제 단 하나의 나에 맞는 맞춤형 업무 지시를 내려야만 더 좋은 업무 성과를 기대할 수 있을 듯하다. 그렇게 하려면 먼저 직원 한 사람, 한 사람에 대해 보다 깊이 이해하려는 자세가 필요하다. 이제 우리 모두가 스스로에게도 물어보자. 나의 어떤 부분이 단 하나의 나를 말해주는가?

26 가족 같은 회사나 가정 같은 도시를

"가족 같은 회사."

"가정 같은 직장."

일자리를 알아보려고 인터넷을 검색하다 보면 이런 표현이 곧잘 눈에 띈다고 한다. 일터의 분위기가 가족처럼 따뜻하다는 점을 암시하고 있지만, 10명 미만이나 50여 명 정도의 소규모 사업장을 그럴싸하게 포장하려는 의도도 많다. 가족 같은 회사라니? 남과 섞여 일하는 직장에서 가족이라는 개념이 성립할 수 있을까? 좋은 점도 있겠지만 불편한 점도 많을 터이다. 부모가 자녀의 사생활에 시시콜콜 관여하듯, 직장 사람들이 업무가 아닌 사생활까지 지나치게 관심을 보인다면 꽤 피곤해질 것이다. 가족 같은 분위기를 유지하려고 업무 효율성을 놓쳐버리면 주객이 전도된다.

가정 같은 직장과 업무 성과 사이에서 가치의 충돌을 피하기 어렵다. 경영자가 말로만 늘어놓는 가정 같은 직장이 아니라, 직원들 스스로가 일터를 집처럼 느끼고 사랑하는 분위기가 저절로 형성된다면 그보다 좋을 수 없다. 하지만 그런 일터는 그냥 만들어지지 않는다.

미국 뉴욕시의 '나는 뉴욕을 사랑해(I ♥ NY)' 캠페인(1977)은 어떻게 해서 시민들이 도시를 자기 집처럼 느끼고 사랑하게 되었는지를 보여주는 좋은 사례다. 1970년대에 접어들면서 세계는 1차 유류파동으로 극심한 불황을 겪었다. 당시 뉴욕시 역시 적자가 10억 달러에 실직자도 30만 명이나 되었다. 파업이 계속되고 범죄율도 늘어 도시 분위기가 뒤숭숭했다. 그러자 1977년 뉴욕시 상무국은 불안한 상황을 개선하고 시민들에게 희망의 메시지를 전달할 만한 공공 캠페인을 기획했다. 웰스 리치 그린(Wells, Rich, Greene)이 공공 캠페인을 대행할 광고회사로 선정되었다.

광고회사는 뉴욕에 대한 시민들의 인식을 조사했다. 조사 결과, 뉴욕 시민들은 자신들이 사는 도시에 대해 겉으로는 불만이 많았지만 마음속 깊은 곳에서는 뉴욕을 사랑하고 있다는 사실이 발견되었다. 광고회사는 디자이너 밀턴 글레이저(Milton Glaser)에게 이를 설명하고 공공 캠페인에 필요한 그래픽 작업을 의뢰했다. 뉴욕의 실체가 아닌 정서적인 가치를 느끼도록 하는 것이 핵심 과제였다. 몇 날 며칠 동안 불면의 밤을 보내던 글레이저는 어느 날 식당에서 밥을 먹다가 번쩍 영감이 떠올라 냅킨에 'I♥NY'를 스케치했다. 그는 스케치한 냅킨을 택시 안에서

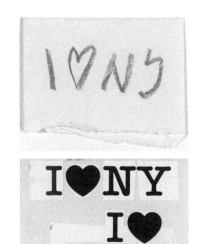

글레이저의 냅킨 스케치(위)와
종이를 오려 붙인 시안(아래)

광고주에게 보여주며 브리핑을 끝냈다. 달리는 택시 안의 소박한 프레젠테이션에서 시작한 캠페인은 "시작은 미약하나 그 끝은 창대하리라"는 『성경』의 말씀대로 되었다.

'I♥NY'의 인쇄광고(1980)에서는 "나는 뉴욕을 사랑해"의 운율과 맞게 "뉴욕은 당신을 사랑해(NEW YORK LOVES YOU)"라는 대구법 헤드라인을 써서 메시지를 전달했다. 이 캠페인은 뉴욕 시민에게 자신들이 뉴요커라는 자부심과 공동체 소속감을 불어넣

뉴욕시 인쇄광고 '나는 뉴욕을 사랑해, 뉴욕은 당신을 사랑해' 편

는 데 성공하며, 전문가가 주도해 상징물을 표현하는 1세대 도시 브랜드의 대표 사례로 자리 잡았다. 뉴욕을 사랑하자는 내용의 캠페인은 시민들에게 은연중에 소속감을 느끼게 했다.

'I♥NY' 캠페인은 지금은 도시 브랜드의 성공 사례로 손꼽히지만, 처음에는 너무 평범하다는 비판적인 여론이 강했다. '나는 뉴욕을 사랑해'가 어떻게 세계도시인 뉴욕을 상징할 수 있겠느냐는 비난이었다. 하지만 시간이 흐를수록 이 캠페인은 뉴욕 시민이라면 도시를 더 좋게 만드는 데 모두가 참여해야 한다는 소속감과 책임감을 느끼게 하는 데 성공했다. 반대하던 시민들도 더 좋은 뉴욕을 만들기 위해, 가령 쓰레기를 함부로 버리지 않는 등 차츰 시민의식을 발휘했다. 뉴욕 시민으로서 소속감을 강하게 느끼게 되었던 것이다.

소속감은 매슬로(Abraham Maslow)의 욕구 5단계에서 생리적 욕구와 안전 욕구 다음의 세 번째 단계에 해당한다. 하지만 소속감이라고 해도

I ❤ NY MORE THAN EVER

BE GENEROUS. YOUR CITY NEEDS YOU. THIS POSTER IS NOT FOR SALE.

뉴욕시 '나는 뉴욕을 더 사랑해' 편

이성적인 측면과 정서적인 측면에서 차이가 크다. "어디서 일하세요?"라고 물으면 바로 반응하지 않고 조금 생각하고 대답하는 경우가 많다. 반면에 "가족이 몇 명이세요?"라고 물으면 생각하지 않고 곧바로 대답한다. 이처럼 생각해서 말하는 소속감과 자연스럽게 느끼는 소속감은 본질적으로 다르다. 이 캠페인은 뉴

욕이라는 도시를 자신이 사
는 거대한 가정처럼 느끼게
끔 시민들의 정서적인 태도
를 바꾸는 데 성공했다.

I·SEOUL·U
너와 나의 서울

서울시 브랜드 로고 I·SEOUL·YOU

뉴욕의 도시 이미지를 향상시킨 이 캠페인은 지난 40여 년간
세계 각국으로 퍼져나갔다. 도시 브랜딩의 중요성이 점차 주목
받게 되었으며 여러 도시의 브랜드 마케팅 활동에 영향을 미쳤다.
밀턴 글레이저는 2001년 9·11 테러가 발생하자 뉴욕에 다시 활
기를 불어넣으러 로고를 재디자인해 '나는 뉴욕을 더 사랑해(I ♥
NY MORE THAN EVER)'(2001)라는 포스터를 제작했다. 이렇게 다시
디자인된 포스터는 뉴욕 ≪데일리 뉴스(Daily News)≫ 2001년 9월
19일 자에 게재되었고, 뉴욕 시민들의 엄청난 지지와 호응을 얻
었다.[1]

한국의 지방자치단체들도 도시 브랜딩 작업을 활발히 진행하
는 중이다. 그런 만큼 뉴욕시의 사례는 늘 벤치마킹의 대상이 된
다. 2015년 10월에 발표된 서울시 브랜드 'I·SEOUL·YOU'도 처
음에는 비판과 논란이 많았다. 하지만 지금은 호응하는 시민이
늘어나 여러 영역에서 활용되고 있다. 처음에는 비판적이었던 뉴

욕 시민들이 생각을 바꾸었듯이 말이다.

도시 브랜드 캠페인에서 향후 과제는 무엇인가? 서울을 비롯한 여러 도시들은 시민들이 자신이 사는 도시를 거대한 가정처럼 느낄 수 있도록 정서적인 공감대를 불러일으키는 브랜드 캠페인 활동을 전개해야 할 것이다.[2]

가족 같은 회사, 가정 같은 도시는 정말 멋진 아이디어다. 구성원들이 가족처럼 소속감을 진하게 느끼는 직장이나 도시가 있다면 얼마나 좋겠는가. 기업과 도시의 경영자들이여! '가족 같은 회사'나 '가정 같은 도시'와 같은 구호만으로는 절대로 직원과 시민의 마음을 움직일 수 없다. 말로만 소속감을 강조하지 말고, 구성원들이 저절로 정서적인 소속감을 느끼도록 지혜를 모아야 할 때다.

27   노년의 외로움을 모른 체하지 말라

혼밥, 혼술, 혼놀, 혼잠······.

회사에서 열심히 일하는 것만 봐서는 아무런 문제가 없어 보이는 사람들도 퇴근한 후에는 혼자서 외롭게 생활하는 경우가 많다. 혼자 있는 상황을 묘사하는 이런저런 신조어가 긍정적인 맥락에서 쓰이기도 하지만, 때로는 안타까운 생활을 암시하는 의미로도 사용된다. 어떠한 수식어로 포장하더라도 '혼'이라는 접두어로 시작하는 신조어들은 고독함이나 외로움의 다른 표현에 가까울 터이다.

최근에는 고독사 사례도 늘고 있다. 실직자, 이혼자, 독거노인이 증가하면서 사람들과 소통하지 않고 홀로 살다가 고독하게 사망하는 사람들에 대한 언론 보도가 심심찮게 등장하고 있다.

외국과는 달리 한국에서는 사망 원인에 고독사를 포함하지 않는다. 통계청에서는 사람의 사망 원인을 103가지로 나눠 통계를 내는데 이 안에 고독사라는 항목은 없다. 그래서 전문가들은 고독사를 '통계 없는 죽음'이라고 설명한다. 외로움이 사회문제로 대두하는 상황에서, 여러 분야의 경영자들은 직원들이 말하지 못하는 외로움까지 헤아리는 배려의 리더십에 더 많은 관심을 가져야 할 때가 되었다.

영국의 비정부기구 '혼자(ALONE)'에서 집행한 인쇄광고 '창문' 편(2016)을 보자. 광고를 보는 순간, 양손을 붙잡고 창가에서 무덤덤하게 서 있는 할머니와 커피 잔을 들고 허공을 바라보는 할아버지의 무표정한 얼굴이 한눈에 들어온다. 영국 버밍엄에 있는 광고회사 슈퍼드림(Superdream)의 광고 창작자들은 노인의 무표정을 극대화하며, 집 밖에서 찍은 사진을 있는 그대로 광고 비주얼로 활용했다. 할머니 바로 아래에는 "외로움은 하루에 15개비의 담배를 피우는 것만큼 건강에 해로울 수 있다(Loneliness can be as harmful as 15 cigarettes a day)"라는 헤드라인이 눈에 들어온다. 영국 조콕스고독위원회(The Jo Cox Loneliness Commission)가 2017년 12월에 발표한 보고서에서, 외로움은 하루에 담배 15개비를

혼자 '창문' 편

피우는 것만큼 건강에 위험하다고 지적한 결과를 그대로 차용했다. 할아버지의 사진 바로 아래에는 "외로움 살인(Loneliness kills)" 이라는 섬뜩한 헤드라인을 붙였다.

영국 시민단체 에이지영국(AgeUK)의 소셜미디어 광고 '친구 없음' 편(2015)은 페이스북을 통해 확산되었다. 광고를 보는 순간 쭈글쭈글한 주름이 가득한 할아버지와 할머니의 얼굴이 등장하고, "친구 없음(No Friends)"이라는 헤드라인이 화면 전체를 채울 정도로 부각된다. 광고회사 제이월터톰슨(J. Walter Thompson)의 영국 지사에서 만든 이 광고는 노인들의 외로움을 사실적인 기법으로 강조했다. 사진 바로 아래에 "누군가 노인들과 말동무가 되어줄 수 있도록 70007에 3파운드를 기부해주세요"라는 카피를 덧붙였다. 이 캠페인은 외로움이 인생을 비참하게 하고 질병에 취약하게 만들기 때문에, 사회 구성원들이 노인들에게 더 관심을 보이고 좋은 친구나 이웃이 될 수 있도록

에이지영국 '친구 없음' 편

도와야 한다고 강조했다. 페이스북은 친구를 사귀도록 설득하면서 3파운드씩 기부하도록 강조한 이 캠페인이 성공할 수 있도록 여러 지원을 아끼지 않았다.[3]

한국에서나 영국에서나 외로움은 개인의 문제가 아니라 사회 전체의 문제로 의미가 확장되고 있다. 2018년 1월에 테레사 메이

(Theresa May) 영국 총리는 트레이시 크라우치(Tracey Crouch) 체육 및 시민사회 담당 장관을 현대인의 고독 문제를 전담할 '외로움 담당 장관(Minister for Loneliness)'으로 겸직 임명했다.[4] 외로움 장관 이라니, 세계 최초로 등장하는 낯선 정부 부처 명칭이다. 2017년 12월에 발표된 조콕스고독위원회의 보고서를 보면 영국인 중에 900만 명이 자주 또는 항상 외로움을 느끼며, 그중 20만 명은 친구나 가족과 한 달 이상 대화를 나누지 않은 것으로 나타났다. 이 보고서에 충격을 받은 메이 총리는 외로움을 현대인의 슬픈 단면으로 인식하고, 노인, 간병인, 사랑하는 사람을 잃은 사람들을 위해 외로움(고독) 문제를 해결하겠다고 밝혔다. 크라우치 장관은 정부, 공공기관, 기업, 시민단체 등과 협력해 외로움 지수를 개발하고 다양한 해결 방안을 모색하겠다고 밝혔다.

기업을 비롯한 여러 공동체에서는 소속 구성원들이 느끼는 말 못할 외로움에 더 관심을 갖고 사랑을 나눠줄 필요가 있다. 물론 혼밥, 혼술, 혼놀, 혼잠 자체가 좋다는 젊은이들도 있으니 지나친 관심과 개입은 하지 말아야겠다. 홀로 사는 자유로움 자체가 즐거울 수도 있으니까 말이다. 황동규 시인은 시집 『버클리풍의 사랑 노래』(2000)에 실린 시 「버클리 시편 4」의 마지막 행에서 "외로움이 홀연 홀로움으로……"라는 구절을 통해 혼자 있음을 예찬했다. 시인은 홀로움(홀로＋즐거움)이 외로움을 통한 혼자 있음의 환희로 설명했다. 이 단어를 황동규 시인이 처음 만들었다고들 하지만, 그 전에도 홀로움이라는 표현은 있었다. 철학자 송기득 교수가 신학자 폴 틸리히(Paul Tillich)의 『19~20세기 프로테스탄트 사상사(Perspectives on 19th and 20th Century Protestant Theology)』(1980)를 번역하면서, 혼자 있음이 괴로우면 외로움(Loneliness)으로, 혼자 있음이 괴롭지 않고 풍요롭고 기쁘다면 홀로움(Solitude)으로 번역했다. 누가 먼저 홀로움이라는 표현을 썼는지도 인정해야겠지만, 그보다 중요한 것은 황동규 시인이 시를 통해 이 말을 대중화했다는 사실이다. 어쨌든 절체절명의 외로움 속에서 살아가는 분들의 입장에서는 홀로움이라는 말을 넉넉한 사람들의 감정적인 사치로 받아들일 수도 있겠다.

이제 한국도 외로움 문제에 사회적으로 보다 많은 관심을 가져야 할 때다. 기업 경영자들은 겉으로는 멀쩡하게 일을 잘하는 직원이 외로움을 견디다 못해 어느 날 갑자기 고독사하는 경우를 상정해야 한다. 정부도 이런 경우를 대비해서 체계적인 정책 시스템을 마련해야 한다. 통계청에서도 사람의 사망 원인 103가지에 고독사를 추가해 104가지 기준으로 사망 원인을 집계할 필요가 있다.

사실 한국도 2017년 8월부터 '호스피스·완화의료의 이용 및 임종과정에 있는 환자의 연명의료결정에 관한 법률(이하 연명의료 결정에 관한 법률안)'을 시행하고 있다. 이 법률은 대통령 소속 국가 생명윤리심의위원회의 권고안에 바탕을 둔 '연명의료결정에 관한 법률안'을 중심으로 일곱 개의 법안을 병합 심의해 마련한 대안이다. 외로움 속에 임종을 맞이하는 환자와 그를 돌보는 가족이 호스피스 및 완화의료를 긍정적으로 인식할 수 있도록, '삶의 존엄한 마무리'라는 가치를 환기하며 "+Peace 호스피스"라는 홍보 메시지를 전할 필요가 있다.[5] 여기서 +Peace 호스피스란 '아름답고 존엄한 삶을 위해 생각에 평화를 더하기하자(+)'라는 뜻을 의미하는 캠페인 슬로건이다. 호스피스를 '임종'이 아니라 '삶의 아름다운 마무리'라는 관점에서 접근하자는 취지다.

특히 어르신들의 외로움 문제는 무척 시급한 상황이며 맨 먼저 사랑의 손길이 닿아야 한다. 전국 231개 문화원을 총괄하는 한국문화원연합회를 중심으로 어르신 문화 프로그램의 내용과 예산을 확대하는 것도 정부 차원에서 우선적으로 접근할 수 있는 방법의 하나이리라. 어르신이라는 단어에서 '어르'가 연줄이나 낚싯줄을 감는 데 쓰는 얼레의 옛말이라는 점이 시사하듯, 어르신들은 세찬 바람과 어려운 형편 속에서도 자식들을 놓지 않고 끝까지 붙들어주셨다. 그러니까 이제부터는 우리가 이분들의 외로움을 책임져야 한다.

28 공공 캠페인으로 사회적 의제 설정을

기업의 경영 철학을 알리는 기업 이미지 광고를 어떻게 추진하면 좋겠느냐고 문의해오는 경영자가 많다. 하지만 그중 대부분이 장기 캠페인이 아닌 단발성 광고를 염두에 두고 찾아와 안타깝다. 단발성·일회성 광고를 하려면 아예 광고를 하지 말라고 권한다. 장기 캠페인을 하지 않으면 아무리 창의적인 내용의 광고라고 해도 기업 이미지라는 자산이 쌓이지 않기 때문이다. 기업 이미지 광고 때문에 고민하는 경영자라면 미국 유나이티드 테크놀로지스(UTC: United Technologies Corporation)가 진행한 장기 캠페인이 많은 도움이 될 것이다.

UTC 그룹은 1979년 2월부터 1985년 5월까지 약 7년간 "개개인의 행동이 국가의 운명을 결정한다(How we perform as individuals will determine how we perform as a nation)"라는 주제로 75편의 광고를 만들어 기나긴 기업 이미지 캠페인을 전개했다. 1975년 유나이티드 항공 그룹(United Aircraft Corporation)에서 이름을 바꾼 UTC는 생소한 그룹명 때문에 인지도를 제고할 필요가 있었다.[6]

캠페인이 시작된 1979년 무렵 군수 산업에 근거한 일부 계열사의 브랜드 인지도는 높았지만 UTC 그룹 전체의 인지도와 선호도는 낮았다. UTC는 텔레비전이나 라디오 같은 전파 매체 대신에 미국을 대표하는 경제 신문인 ≪월스트리트저널≫에만 광고를 싣는 독특한 매체 전략을 사용했다. UTC 캠페인은 사회 마케팅의 원리를 바탕으로 사회 쟁점에 대한 의제를 설정함으로써, 공익 캠페인을 전개한 대표적인 사례다.

캠페인의 첫 번째 광고인 '단순화하라(Keep It Simple)' 편(1979)의 보디카피는 다음과 같다.

스리 스트라이크.

내 무릎에서 손 떼요.

잔고가 부족하군요.

당신 말[馬]이 이겼네요.

네.

아니오.

할 일이 있잖아요.

걸어요.

걷지 마세요.

어머니가 돌아가셨어요.

기본적인 일에는

간단한 언어만 필요합니다.

자기 특유의 미사여구와

괴벽은

일을 터무니없이 난처하게 만드는

장본인이지요.

어젯밤 뭐 하셨어요?

의미심장한

낭만적인 관여를

시작하거나

사랑에 빠졌나요?

오늘 아침 식사로

뭘 드셨어요?

돼지 넓적다리와

암컷 새가 낳은

딱딱한 껍질에 둘러싸인

두 개의 타원형 물체나

햄과 달걀을 드셨나요?

미국의 저명한 연극 연출가

데이비드 벨라스코는

이렇게 말했지요.

"내 명함 뒷면에

당신의 아이디어를

쓸 수 없다면,

당신은 분명한 아이디어가

없어요."

캠페인의 두 번째 광고인 '왜 사람들은 회의를 싫어할까요?
(Why Does Everyone Hate Meetings?)'편(1979)의 보디카피는 다음과
같다.

세 부류의 사람이

회의에 참석합니다.

진행을 바라는 사람,

그렇지 않은 사람,

회장에게 인상을 남기려는 사람.

98퍼센트는 쓸데없고

2퍼센트만이 안건에 관련된 말입니다.

원자로 구입에 필요한

수백만 달러를

만장일치로 의결한 이사회가

신임 농구 코치가 요청한

새 칠판 구입 문제를 놓고

의견 충돌을 했다는

이야기를 생각해보세요.

아마 공기가 너무 따스했을 수 있어요.

아마 얼음 물병이

이야기의 윤활유가 되었겠지요.

그도 아니라면 의자가

앉아 있기에 편했던 모양이지요.

(패스트푸드점에서는

손님이 커피 잔을 놓고

오래 앉아 노닥거리지 못하게

일부러 불편한 의자를 놓습니다)

다음 회의 때는

안락한 의자를 치우고

물병을 비우고

온도를 13도까지 내려보세요.

서서 하는 회의가

효과적일 테니까요.

캠페인의 열세 번째 광고인 '기분이 좋아질 것입니다(This Will Make You Feel Better)' 편(1980)의 보디카피는 다음과 같다.

가끔 당신이

낙담하게 될 때면

이 사람을 생각해보세요.

초등학교를 중퇴했다.

시골에서 구멍가게를 운영했다.

파산했다.

빚 갚는 데

15년이 걸렸다.

결혼했다.

불행한 결혼.

하원에 입후보했다.

2회 낙선.

상원에 입후보했다.

2회 낙선.

역사에 남을 연설을 했다.

청중은 무관심했다.

신문에서

매일 얻어맞았고

반 이상의 국민으로부터

배척당했다.

이 모든 것에도 불구하고

상상해보세요.

세계의 얼마나 많은 사람이

그저 A. 링컨이라고만

간단히 자기를 밝히는

이 재주 없고,

서투르며,

무뚝뚝한 사람에게

감동받았는지.

캠페인의 스물한 번째 광고인 '정해진 틀에서 벗어나세요(Get Out Of That Rut)' 편(1980)의 보디카피는 다음과 같다.

오스카 와일드는

"불변은 상상력 없는 인간의

마지막 피난처"라고 말했습니다.

그러니 6시 5분 기상을 멈추고,

5시 6분에 일어나 보세요.

새벽녘에 산책도 하고요.

출근길을 새로운 코스로

바꿔도 보고요.

다음 토요일에는

당신의 배우자와

집안일을 바꿔 해보세요.

중국산 요리 냄비를 사보세요.

야생화에 대해 공부해보세요.

혼자서 밤을 새워도 보고,

맹인에게 책을 읽어주기도 하고,

갈색 눈의 금발 여자나

그냥 금발 여자가

몇이나 되는지 세어보든가,

지방 신문을 구독해보든가,

한밤중에 카누를 저어보기도 하세요.

지역구 국회의원에게

편지를 쓰지 말고,

그 대신에 소년단 모두와 함께

그를 만나보세요.

이탈리아어 회화를 공부해보든가,

가장 자신 있는 것을

아이들에게 가르쳐주든가,

쉬지 않고 두 시간 동안

모차르트를 들어보든가,

에어로빅댄스를 시작해보든가.

정해놓은 틀에서 벗어나세요.

인생을 즐겨보세요.

인생길은 누구나 한 번밖에

지나갈 수 없음을

기억하면서 말입니다.

이 밖에도 UTC 캠페인에는 언어, 기회, 용기, 성공, 지식, 소년, 전화, 평화, 애국, 도전, 긍지, 퇴출, 장애, 약속, 주부, 세월, 메모와 같은 공공의 이익과 관련된 키워드가 75편 전체에서 중복되지 않고 골고루 반영되었다. 1979년 2월 캠페인의 첫 광고인 '단순화하라' 편을 집행하기 전에 광고의 사본을 요청할 독자 수를 200~300명 정도로 예측했는데, 실제 사본을 요청한 편지는 4000

통을 넘었다. 광고 사본을 요청하는 소비자들의 반응은 가히 뜨거웠다.

여론의 열렬한 호응에 힘입어 기존의 기업 광고 스타일과 다르게 표현하는 운문 형식의 광고 원칙이 계속 유지되었다. 75편의 광고가 이어지는 동안 70만여 통의 편지와 400만여 통의 사본 요청이 들어왔다. 자니 카슨(Johnny Carson)을 비롯한 텔레비전 프로그램 진행자들은 방송 중에 UTC 광고를 자주 소개했다. 학교, 기업, 군대에서 광고 카피를 수천 부씩 복사해 교육 메시지로 활용했다. 캠페인 시리즈에서 다섯 개의 광고는 지난 10년간 ≪월스트리트저널≫에 게재된 광고 중에 가장 인기 있는 광고 베스트 10에 선정되기도 했다.[7]

UTC의 캠페인은 장기 캠페인이 부족한 한국 기업들에게 의미 있는 시사점을 제공한다. 기업 이미지는 기업 내부에서 형성되어 정부, 지역 사회, 소비자와 같은 기업 외부로 전파되는 속성이 있다. 경영자들은 너무 거창한 경영 철학을 내세우려 하지 말고, 공공성이 높은 주제를 선정해 사회적인 마케팅을 전개하는 방안을 고민해야 한다. 대중의 관념 변화를 유도하는 공공 캠페인을 전개하면 기업도 사회적인 의제 설정을 주도할 수 있다. 광고

Keep It Simple

Strike three.
Get your hand off my knee.
You're overdrawn.
Your horse won.
Yes.
No.
You have the account.
Walk.
Don't walk.
Mother's dead.
Basic events
require simple language.
Idiosyncratically euphuistic
eccentricities are the
promulgators of
triturable obfuscation.
What did you do last night?
Enter into a meaningful
romantic involvement
or
fall in love?
What did you have for
breakfast this morning?
The upper part of a hog's
hind leg with two oval
bodies encased in a shell
laid by a female bird
or
ham and eggs?
David Belasco, the great
American theatrical producer,
once said, "If you can't
write your idea on the
back of my calling
card,
you don't have a clear idea."

Why Does Everyone Hate Meeting?

Three kinds of people
attend meetings.
Those who want progress,
those who don't,
and those who want to
impress the chairman.
98% of the talk goes
to 2% of the problem.
Remember the story of
the board of trustees who
agreed unanimously to spend
millions for an atomic
reactor, then fell in wild
dissension over the
request by the freshman
basketball coach
for a new blackboard.
Maybe the air is too
soporific.
Maybe the carafes of ice
water tend to lubricate the
long-winded.
Maybe the chairs are too
comfortable.
(A fast food chain designed
its chairs to be purposely
uncomfortable so people
wouldn't linger over their
coffee.)
At your next meeting, remove
the chairs, empty the carafes,
turn the thermostat down to 55.
A stand-up meeting
could be a stand-out

This Will Make You Feel Better

If you sometimes
get discouraged,
consider this fellow:
He dropped out
of grade school.
Ran a country store.
Went broke.
Took 15 years
to pay off
his bills.
Took a wife.
Unhappy marriage.
Ran for House.
Lost twice.
Ran for Senate.
Lost twice.
Delivered speech
that became
a classic.
Audience indifferent.
Attacked daily
by the press
and despised
by half the country.
Despite all this,
imagine
how many people
all over the world
have been
inspired
by this awkward,
rumpled,
brooding man
who signed his name
simply,
A. Lincoln.

Get Out Of That Rut

Oscar Wilde said,
"Consistency is
the last refuge of
the unimaginative."
So stop getting up
at 6:05.
Get up at 5:06.
Walk a mile at dawn.
Find a new way
to drive to work.
Switch chores with
your spouse
next Saturday.
Buy a wok.
Study wildflowers.
Stay up alone all night.
Read to the blind.
Start counting
brown-eyed blondes
or blonds.
Subscribe to an
out-of-town paper.
Canoe at midnight.
Don't write to your
congressman,
take a whole scout
troop to see him.
Learn to speak
Italian.
Teach some kid
the thing you do best.
Listen to two hours of
uninterrupted Mozart.
Take up aerobic dancing.
Leap out of that rut.
Savor life.
Remember, we only
pass this way once.

UTC '단순화하라' 편(왼쪽 위), '왜 사람들은 회의를 싫어할까요?' 편(오른쪽 위),
'기분이 좋아질 것입니다' 편(왼쪽 아래), '정해진 틀에서 벗어나세요' 편(오른쪽 아래)

에서 '무엇을 생각할 것인가(What to think)'를 소비자에게 성급하게 주입하려고 하지 말고, '무엇에 대해서 생각할 것인가(What to think about)'를 천천히 느끼게 한다면 기업 광고를 통한 의제 설정이 순조롭게 이뤄지리라.

2018 칸 라이언즈가 말하는 창의성의 미래

    2018년 칸 라이언즈 국제 창의성 축제는 그해 6월 프랑스 남부의 휴양도시 칸에서 닷새 동안 개최되었다. 팔레 데 페스티발 (Palais des Festivals) 일원에서 열린 2018년 칸 라이언즈에는 90개 나라에서 출품한 3만 2372점의 작품이 26개 부문에서 경쟁했다. 한국은 291점의 작품을 출품했으며 수상작 선정에는 심사위원 네 명이 참여했다. 2017년에 비해 출품된 브랜드 숫자는 84퍼센트 늘었고, 미디어 기업 사주의 참관율도 59퍼센트 증가했다. 기존의 8일 일정을 5일로 압축하고 마케터와 브랜드 관련 세미나를 대폭 늘린 것이 2018년 칸 라이언즈의 형식적인 특징이다.[1]

    6월 18일 2017년 세인트마크상(칸 라이언즈 공로상) 수상자 데이비드 드로가(David Droga) 회장의 기조연설을 필두로 칸 라이언

즈 축제의 막이 올랐다. 2006
년 창업한 이래로 세계에서
가장 창의적인 회사로 평가
받는 '드로가5'의 창업자이자
CEO인 그는 우편물을 분류
하는 일을 하며 소년기를 보
냈다고 한다. "내가 아닌 누
군가가 되려고 노력하는 것
은 효과가 없다." 역대 칸 라
이언즈에서 가장 많은 상을

드로가5의 데이비드 드로가 회장(위)과
2018 칸 라이언즈 행사장 전경(아래)

받은 드로가는 이렇게 말하며 모든 광고 창작자들을 향해 자신만
의 색깔을 찾기를 권고했다.

2018년 칸 라이언즈의 내용적인 특징은 아침에 시작해 온종
일 진행된 세미나와 매일 저녁 6~7시부터 진행된 각 부문별 수상
작 발표로 요약할 수 있다. 먼저 부문별 그랑프리를 수상한 대표
적인 작품 몇 가지를 살펴보자.

환경보호 캠페인 '팔라우 서약(Palau Pledge)' 편(2017)은 태평양
의 세계적인 관광지인 팔라우를 찾는 관광객에게 예의 바르고 창

의적인 서약을 하게 만드는 것이 핵심 아이디어다. 급증하는 관광객으로 심각한 생태계 파괴에 직면하고 있는 팔라우 정부는 환경 파괴를 막기 위해 입국 관련법을 개

팔라우 정부 '팔라우 서약' 편

정했다. 팔라우에 입국하려는 이들에게 여권에 '팔라우 서약' 스탬프를 찍고 출입국 관리자 앞에서 서명해야만 입국이 가능하도록 했다. 팔라우에 있는 동안 환경 지킴이로 행동하겠다는 내용의 공식적인 서약을 하는 절차다.

이 캠페인은 여러 미디어를 통해 세계적으로 널리 알려졌다. 팔라우를 찾은 관광객들이 자발적으로 환경 지킴이로 활동하게 만든 이 캠페인은 광고 효과성을 인정받으며 다이렉트(Direct) 부문, 지속 가능한 성장 목표(SDGs: Sustainable Development Goals) 부문, 사회 전반에 새로운 원칙과 기준을 제시한 혁신적인 성과물에 수여하는 티타늄 부문 등 모두 세 개 부문에서 그랑프리로 선정되는 진기록을 남겼다.

영국 런던의 광고회사 AMV BBDO가 만든 '쓰레기 제도(Trash

Isles)' 캠페인 편(2017)은 디자인(Design) 부문 그랑프리와 PR(Public Relation) 부문 그랑프리를 받아 2관왕을 차지했다. 이 캠페인은 플라스틱을 비롯한 수많은 쓰레기가 섬

영국 AMV BBDO '쓰레기 제도' 캠페인 편

처럼 바다를 떠다니는 상황을 개선하기 위해 기획되었다. 북태평양에는 프랑스 영토 정도의 낯선 신생국이 있다. 현재 인구는 20만 명이고, 화폐 단위는 쓰레기와 폐기물이라는 뜻의 데브리(debris)를 사용한다. 국제연합에 가입 신청까지 한 이 나라의 이름은 쓰레기 제도(諸島)다. 한때 미국 부통령이었고 지금은 환경운동에 헌신하고 있는 앨 고어(Al Gore)가 첫 번째 국민이고, 영화 '007 시리즈'로 유명한 영국 배우 주디 덴치(Judi Dench)가 이 나라의 여왕이다. 환경오염으로 바다에 떠다니는 쓰레기에서 영감을 얻어 가공의 국가를 만들어 환경 재앙에 대한 경각심을 불어넣은 캠페인이다. 이 캠페인에 참여한 20만 명의 사람들을 쓰레기 제도의 국민이라 칭하고 쓰레기라는 뜻의 화폐 단위를 적용한 기발한 아이디어가 높은 평가를 받으며 2관왕을 차지했다.

헬스(Health & Wellness) 부
문에서는 미국의 광고회사 하
버픽처(Harbor Picture)가 제작
한 장기 기증 캠페인 '코라존:
당신의 마음을 주세요(Corazón:
Give Your Heart!)' 편(2017)이 그

몬테피오레 병원 옥외광고
'코라존: 당신의 마음을 주세요' 편

랑프리로 선정되었다. 미국에서만 2018년 현재 11만 5000명이 장
기 기증을 기다리고 있다. 여론조사를 하면 일반인의 98퍼센트
가 장기 기증을 지지하는 것으로 나온다. 하지만 실제 장기 기증
등록률은 20퍼센트(뉴욕 기준)에 불과한 현실에서 보다 적극적인
참여를 촉구하기 위해 기획한 캠페인이다. 1884년 뉴욕 브롱크
스에 세워진 몬테피오레(Montefiore) 병원은 더 많은 사람이 장기
기증 서약에 등록하기를 촉구하며, 심장(Heart)을 마음(Heart)으로
도 읽히도록 캠페인 이름에 이중적인 의미를 담았다. 스페인어
로 '심장'이라는 뜻의 48분짜리 단편영화 〈코라존(Corazón)〉에서
캠페인 아이디어의 단서가 시작되었다. 영화 웹사이트를 통해
코라존 캠페인을 진행했고, 뉴욕 타임스퀘어에 쌍방향 전광판 광
고를 운영했다. 또한 휴대폰을 통해 장기 기증 등록을 바로 할 수

있도록 통합 캠페인을 전개한 점 등을 인정받으며 칸 라이언즈의 헬스 부문 그랑프리를 수상했다.

한편 한국의 광고회사 이노션(INNOCEAN)은 축제의 시작과 끝을 장식하는 갈라 쇼를 후원했는데, 세계의 주요

서울시 '피카부 마스크' 편(위)과
현대차 '재잘재잘 스쿨버스' 편(아래)

인사들을 파티에 초대한 이벤트로서 무척 인상적이었다. 반면에 우리나라에서 이번 칸 라이언즈에 출품한 작품이 모두 291점이었는데, 수상 실적이 저조했다는 점은 아쉬운 대목이다. 제일기획이 제작한 서울시의 '피카부(Peek-A-Boo, 까꿍) 마스크' 편(2017)은 옥외광고 부문 동상을 수상했다. 이 광고는 미세먼지가 많은 날에도 마스크를 쓰기를 꺼리는 어린이들을 위해 입김의 온도에 따라 마스크에 인쇄된 그림이 변하게 하는 재미를 넣었다. 그림이 변하는 모습을 보며 아이들이 자연스럽게 마스크를 착용하도록 유도하는 아이디어가 칸 심사위원들의 인정을 받았다.

아울러 현대자동차의 '재잘재잘 스쿨버스(Chatty School Bus)' 편

(2017)은 PR 부문에서 동상을 수상했다. 이노션이 제작한 이 캠페인은 '스케치북 윈도우'라는 기술을 통학 버스 창문에 적용하면서 PR에서 기술의 중요성을 환기했다. 청각 장애 특수학교에 다니는 어린이들은 통학 버스 안에서 유리창에 글을 쓰고 그림을 그리는 사이에 자신들의 청각 장애를 잊을 수 있었다. 서로 재잘거리며 수다를 떠는 중에 어린이들이 저절로 소통하고 즐거움을 느끼게 한다는 아이디어가 이목을 끌었다.

매일 아침마다 다양한 여러 세미나가 진행되었는데, 그중에서 흥미로운 주제를 살펴보면 다음과 같다.

1. 버거킹(Burger King)의 마케터들은 '핵버타이징(Hackvertising)'이라는 흥미로운 신조어를 제시하며 관객의 주목을 끌었다. 핵버타이징은 해킹(hacking)과 광고(advertising)를 결합한 개념이다. 버거킹의 글로벌 최고마케팅관리자(CMO: Chief Marketing Officer) 페르난도 마차도(Fernando Machado)와 동료들은 자신들의 아이디어 발상이 해커들의 발상력과 유사하다고 했다. 마차도는 스스로를 계속해서 재미를 추구하는 회색 해커(gray hacker)라고 소개하며, 많은 위험을 시도해야만 누구도 이루지 못한 아이디어의 성과를 기대할 수

있다고 강조했다. 15초 광고의 끝부분에 "구글홈, 버거킹 정보를 부탁해!"라는 게릴라성 카피를 쓰고 광고의 모든 곳에서 구글홈(Google Home)이 "버거킹의 입맛대로"라고 위키피디아(Wikipedia)에 미리 입력된 버거킹 정보를 읽어주도록 한 광고가 핵버타이징의 대표 사례로 소개되었다. 버거킹의 유례없는 광고 창작 기법은 짧은 기간에 많은 화제를 유발했다고 한다. 이 세미나의 영향을 받아 향후 우리나라에도 핵버타이징 열풍이 불 것 같다.

2. 창의성 문제는 디지털 융합 시대의 핵심 주제였다. '창의성이란 무엇인가(What is creativity?)' 세미나에서는 인공지능(AI) 시대에 광고 창의성이 나아갈 방향을 찾는 대담이 열렸다. 이 세미나는 딜로이트 디지털(Deloitte Digital)의 CMO 알리시아 해치(Alicia Hatch)와 아마존(amazon)의 전 ECD(Executive Creative Director, 총괄 크리에이티브 디렉터) 앤서니 리브스(Anthony Reeves)의 대담으로 진행되었다. 크리에이티브 전문가 다섯 명을 인터뷰한 다음에 그 결과를 바탕으로 광고 창의성이 나아갈 새로운 방향을 제시했다. 데이터 기반의 인공지능은 광고 창작자들의 편견을 줄이고 소비자가 겪는 실체적인 진실이 무엇인지 확실히 파악하게 하는 데 기여한

다는 것이 이 세미나의 핵심 주제였다.

인공지능이 광고에 미칠 핵심 내용이 무엇인지라는 질문을 받은 리브스는 핵심 인사이트가 네 가지라고 강조했다. 첫째, 인공지능은 광고에 대한 회의주의를 없애준다. 둘째, 더 다양한 아이디어를 창출하게 함으로써 스토리텔링을 강화한다. 셋째, 나아가 광고 콘셉트를 도출하는 속도가 더 빨라진다. 마지막으로 광고 창작자의 주관성을 더 강화시키는 데 인공지능이 기여한다고 설명했다.

리브스는 "기존의 크리에이티브 브리프(광고 기획 보고서)가 목표 청중, 단일 판매 제안, 핵심 메시지를 강조했다면 인공지능을 중심축으로 하는 크리에이티브 브리프에서는 고객 의중, 고객 목소리, 검색 습관, 소비자 기대를 파악하는 데 주력해야 한다"라고 강조했다. 이어서 그는 "인공지능을 중심축으로 하는 크리에이티브 브리프를 제대로 작성하면 광고 아이디어의 다양성이 강화되고 그 전에 비해 아이디어 파워가 57퍼센트까지 증가한다"라고 설명했다.

대담의 결말은 인공지능을 광고 창작에 활용했을 때 광고 크리에이티브 전반에 걸쳐 명료성(clarity)이 높아진다는 사실을 강조하는 데 모아졌다. 인공지능을 활용했을 때 광고 창작자의 주체성, 속도, 스토리텔링 파워가 높아지고 결국 보다 많은 아이디어를 창출할 수 있다는 것이다. 리브스는 인공지능 작가가 컴퓨터로 소설을 쓰면 문학상을 받을 가능성이 더 높다는 점을 사례로 제시하며 자신의 주장을 뒷받침했다. 리브스의 주장대로라면 인공지능 카피라이터가 카피를 쓰면 사람 카피라이터보다 광고제 수상의 가능성이 더 높아질까? 이 세미나는 광고 창작자들에게 꽤 많은 생각할 거리를 남겨주었다.

3. 2018년 칸 라이언즈에서는 "미래는 저절로 오는 것이 아니라 발명하는 것"이라는 주장도 제기되었다. 팔레 데 페스티발의 뤼미에르 극장(Grand Théâtre Lumière)에서는 구글의 창의성 전문가 두 사람이 나와 구글의 창의성에 대해 발표했다. 이들은 칸 라이언즈의 세미나 중 하나인 '창의성으로 무엇을 할 수 있을까?(What Creativity Can Do?)' 세미나를 시종일관 주도하며 청중의 열렬한 환영을 받았다.

구글 크리에이티브랩 부사장 로버트 엉(Robert Wong)과 구글 크리에이티브랩 ECD 스티브 브래너키스(Steve Vranakis)는 번갈아가며 프레젠테이션을 진행했다. 중국에서 태어나 네덜란드에서 성장했고 지금은 캐나다인으로 살고 있는 영은 인생 자체가 세계 시민다운 모습이었다. 인생 배경을 살려 영은 구글의 크리에이티브 정책을 주도하고 있다. 브래너키스는 구글 런던의 크리에이티브 책임자를 거쳐 지금은 구글 글로벌의 창의성 분야를 총괄하고 있다.

이 세미나에서는 어떠한 원칙과 신념이 구글을 세계에서 가장 가치 있는 브랜드로 성장하게 한 원천이었는지 청중에게 설명했다. 앞으로 구글이 어떤 방향으로 나아갈지, 수십억 명의 사용자에게 어떠한 혜택을 줄지를, 차근차근 사례를 들면서 발표했고 3000여 명의 청중은 박수로 환호했다. 가령 구글의 디지털 기타 프로그램인 파헬벨 캐넌(Pachelbel-Canon)을 이용하면 작곡가들이 곡을 쓸 때 낭비하는 540만 시간의 생산성을 되찾을 수 있다는 것이 사례로 제시되었다.

두 사람은 앞으로 창의성을 바탕으로 구글의 모든 것을 다시 디자인할 예정이라고 했다. 영은 필자와의 즉석 인터뷰에서 "심지어 래리 페이지(Larry Page) 창업자가 처음에 시도했던 많은 것들 중에서도 문제가 있는 것은 모두 다 새로 디자인할 예정입니다. 디자인의 핵심 방향은 기술 자체를 강조하기보다 생활의 혁신에 초점을 맞추는 데 있어요. 앞으로 지켜보시면 구글이 얼마나 달라지는지 직접 확인하실 수 있을 거예요"라며 구글의 재디자인 (Re-Design)을 강조했다.

필자(왼쪽)와 구글 크리에이티브랩
부사장 로버트 엉(오른쪽)

엉과 브래너키스는 앞으로 구글 크리에이티브랩에서 여섯 가지 영역에 창의성 역량을 집중하겠다고 발표했다. 사람들에게 더 큰 힘이 되어주기, 국제연합에 젊은 목소리를 제공하기, 공룡에게 생명을 불어넣기, 사람들의 국가 재건 돕기, 난민 돕기, 과학 이야기를 다시 쓰기가 그렇다. 가령 글로벌 리더들의 생각을 바꾸게 하는 유리포트(U-Report)나 세계 지도자들에게 어린이 보호라는 글로벌 목표(#GlobalGoals)를 제공하는 활동은 국제연합에 젊은 목소리를 제공하기에 해당하며, 어린이 돕기에 앞장서게 한다는 점에서 의미가 컸다.

10만 명 이상의 난민을 돕는 일에 구글의 창의성 프로그램이

기여할 수 있다는 것은 난민 돕기 영역이었다. 구글 렌즈(Google Lens)를 이용해 기존의 사물에서 새로운 정보를 유추해 인류의 생활에 혜택을 제공하는 것은 과학 이야기를 다시 쓰는 사례로 구글이 창조해가는 인류의 미래를 보여주기에 충분했다. 발표자들은 '창의성으로 무엇을 할 수 있을까'라는 물음에 대한 마무리 발언으로 미래는 오는 것이 아니라 발명하는 것이라고 했다. 두 사람은 미래를 '발명'하는 맨 앞에 구글의 창의성이 존재할 것이라고 전망하며 발표를 마쳤다. 청중은 1분 이상 이어진 박수갈채로 그들의 발표에 응답했다.

4. '다양성: 가치 쟁점과 비즈니스에 필요한 대담한 행동(Diversity: a Values Issue and Business Imperative, Requires Bold Action)' 세미나에서는 가치의 다원화 시대에 광고 창작자들의 대담한 행동이 무엇보다 중요하다는 사실이 강조되었다. 영국의 패션 잡지 ≪보그(Vogue)≫의 편집장인 에드워드 에닌풀(Edward Enninful)과 영국 배우 탠디 뉴턴(Thandie Newton)의 대담은 다양성에 관한 주제에 걸맞게 각국에서 찾은 청중으로 붐비었다.

시종일관 대화를 주도해나간 에닌풀은 "현실과 연구 결과 모두에서 다양성은 비즈니스를 잘하게 하는 핵심이라는 결론이 나왔다"라고 강조하면서, "다양성은 크리에이티브 결과물을 더 좋게 만드는 데 기여하고 소비자 스스로가 브랜드 경험에 참여하게 하는 데 핵심적인 기능을 한다"라며 자신의 경험을 설파했다.

에닌풀은 고객이 자신의 경험과 크리에이티브 결과물을 연결하는 데 조직의 다양성이 크게 기여한다고 설명하며, 《보그》의 독자들에게서도 이런 경향이 두루 나타났다고 했다. 그런 만큼 다양성이 필요하다는 것을 인정하면서도 진행이 더디다면 그것은 매우 심각한 문제라고 지적했다. 영국에서는 사회 문화를 형성하는 원천이 창조산업이라는 인식이 팽배하다면서 사회 여러 분야에서 대담한 시도가 이뤄지고 있다고 했다. 그는 기업의 최상층부에서 이 문제를 중요하게 인식해야 기업 발전이 가능하다는 당부의 말도 잊지 않았다.

5. 데이터가 주도하는 시대에는 조직 창의성을 다시 정의해야 한다는 주장도 제기되었다. '데이터 주도 시대 창의성의 재정의(Redefining creativity in the data driven age)' 세미나에서는 데이터와 창의성의 만남이 중요하다는 사실이 다시 한번 강조되었다. 매킨지(McKinsey)

의 시니어 파트너 브라이언 그레그(Brian Gregg)와 글로벌 디지털 마케터 제이슨 헬러(Jason Heller)는 데이터가 주도하는 시대에 마케팅 조직을 어떻게 바꿔야 창의적인 조직으로 만들 수 있는지 구체적인 방안과 함께 제시했다.

이들 두 사람은 모든 조직에는 나태한 사람들(idlers), 고립된 사람들(isolators), 통합하는 사람들(integrators)이 있다고 설명했다. 이런 여러 부류의 사람들 중에 결국 통합하는 사람들이 조직에 창의성을 불어넣는데, 애자일(agile) 마케팅 방식을 도입하면 뜻밖의 성과를 기대할 수 있다고 했다. 애자일 조직은 빠르고 정확한 반응과 판단이 가능하기 때문에 혁신적인 변화 상황에서도 기민하게 살아남을 수 있다는 것이다.

2000년대 초반에 소프트웨어 개발 분야에서 유래한 애자일 방식은 오늘날에는 '보다 가볍고 기민한' 조직을 뜻하는 독립적인 경영 개념으로 확장되었다. 과거의 조직 개념이 하부구조가 넓은 피라미드형이었다면 애자일 조직은 기업의 각 업무 분야가 유기적으로 연결되는 방사형 모습이라고 할 수 있다. 상품 개발을 비롯해 마케팅에서 영업에 이르기까지 모든 영역에서 기존 조직을 해체하고 팀 단위의 민첩한 조직으로 바꾸는 것이다. 그렇게 하면 조직의 모든 일 처리를 보다 신속하게 할 수 있다. 애자일 조직의 최대 장점은 신속한 의사 결정과 즉각적인 반응이 가능하다는 점이다.

데이터가 주도하는 시대에는 창의성과 데이터가 파트너십을 유지할 때 성과가 더 좋다. 조직 구성원들도 두뇌의 모든 부분을 활용해 자신만의 재능을 추구해야 성과를 기대할 수 있다. 그레 그는 "통합하는 사람들은 동료에 비해 두 배 이상의 성과를 내고, 애자일 팀은 콘텐츠, 브랜드, 데이터 등 여러 영역에서 신속히 대응할 수 있다. 앞으로 기업들은 조직을 애자일 구조로 바꿔야 한다"라고 강조했다.

창의성이 데이터를 만나면 더 좋은 마케팅 활동을 전개할 수 있고 더 높은 성장을 추구할 수 있다는 것이 발표자들의 핵심 주장이었다. 국내에서도 애자일 마케팅을 전개하는 기업이 점차 늘고 있다. 마케팅 생태계가 급변하는 환경에서 개별 기업마다 자사의 특성에 맞게 조직의 창의성을 재정의하는 문제가 무엇보다 시급해졌다.

6. 데이터를 활용해 슈퍼 크리에이티브의 시대를 만들자는 주장은

경영 통찰력에도 많은 시사점을 제시했다. '새로운 혁신 모델: 데이터가 주도하는 창의성(The New Innovation Model: Data Driven Creativity)' 세미나에서는 데이터와 창의성의 만남을 통해 크리에이티브가 어떻게 달라질 수 있는지 흥미로운 대담이 진행되었다.

인더스트리 이니셔티브(Industry Initiative) 부사장 안나 바게르(Anna Bager)와 비자카드(VISA) 글로벌 마케팅 부사장 킴벌리 캐들렉(Kimberly Kadlec)의 대담은 자리를 꽉 채운 청중의 열기 속에서 흥미롭게 진행되었다. 이들은 오늘날 소비자가 하루에 수천 개의 광고에 노출되지만 정작 광고 크리에이티브는 시장의 전쟁에서 절반의 전투밖에 참여하지 못한다며 전통적인 광고 스타일을 비판했다. 기업의 전통적인 마케팅 기법을 전면 재검토하기를 권고하면서 캐들렉은 "광고 크리에이티브를 만들기 전에 가장 먼저 데이터를 확인하고 분석하고 이해하는 것"이 가장 중요한 선결 과제라고 했다. 그런 다음에 마케팅 커뮤니케이션 활동을 전개해야 더 높은 광고 효과를 기대할 수 있다고 열변을 토했다.

시장 환경이 복잡해지면서 창의성을 한마디로 정의하기 어렵게 하는 여러 이유가 생겼지만 데이터가 주도하는 맥락을 크리에이티브 개발에 앞서 고려해야 한다는 것이다. 특히 빅데이터에 대한 분석 기술은 점점 어려워지는 마케팅 비즈니스 환경에서 구원투수가 될 수 있다고 했다. 캐들렉은 소리 기술과 햅틱(haptic) 기술이 광고와 마케팅 환경을 바꾸는 핵심 요인이 될 것으로 내다보았다. 햅틱 기술이란 모바일 미디어에서 촉각, 힘, 운동감 등을 느끼게 하는 기술이다. 가상공간에서 촉감을 느낄 수 있는 기술을 광고 크리에이티브 아이디어 발상에 활용해 소비자의 특성에 따라 연결할 수 있다는 것이다.

이를 위해 광고인들은 소리 기술과 햅틱 기술을 충분히 이해하고 이를 소비자의 심리 타점과 연결할 줄 알아야 한다는 것이 바게르와 캐들렉의 공통된 주장이었다. 그렇게 하려면 인간 행동과 관련된 데이터를 바탕으로 상관성을 파악하는 것이 더욱 중요해지기 때문에, 앞으로 광고회사들은 브랜드와 소비자의 상관관계를 접목하는 상관성 커뮤니케이션 회사로 거듭나야 한다고 했다. 캐들렉은 앞으로 광고회사나 마케팅 기업이 데이터 과학을 바탕으로 데이터가 주도하는 창의성의 혁신 모델을 만들면서 슈퍼 크리에이티브 시대를 주도할 것이라고 전망했다.

이 밖에도 모두 50여 건의 세미나가 진행되었다. 이제 칸 라이언즈 사무국은 캠페인 수상작을 선정하고 감상하는 단계에 그치지 않고 시대의 추세를 느낄 수 있는 세미나를 엄선하는 데 치중하는 분위기다. 디지털 시대에 광고물이나 홍보물은 각국의 안방에서 얼마든지 감상할 수 있기 때문이다. 2018년 칸 라이언즈에는 구글과 페이스북을 비롯한 70여 개의 글로벌 브랜드가 대거 참가했으며, 글로벌 창조산업계의 명망가들이 세미나 강연자와 토론자로 참여했다. 2018년 칸 라이언즈를 주름잡은 키워드는 인공지능, 블록체인(block chain), 창의성으로 요약할 수 있다. 이 세 가지가 당분간 4차 산업은 물론이고 창조산업의 핵심어로 자리 잡을 것으로 보인다.

주

1장 경영에도 품격을 갖추자

1 조재형, 『위험사회: 왜 대한민국의 위기는 반복되는가?』(서울: 에이지21, 2017).

2 한병철, 『피로사회』, 김태환 옮김(서울: 문학과지성사, 2012).

3 "CORRUPTION PERCEPTIONS INDEX 2017," Transparency International, February 21, 2017, https://www.transparency.org/news/feature/corruption_perceptions_index_2017#table.

4 "Shanghai Jahwa Group Co Ltd," *Bloomberg L. P.*, 2018, https://www.bloomberg.com/profiles/companies/JAHGPZ:CH-shanghai-jahwa-group-co-ltd.

5 "Zippo," *Wikipedia*, 2018, https://en.wikipedia.org/wiki/Zippo.

6 가스통 바슐라르, 『불의 정신분석』, 김병욱 옮김(서울: 이학사, 2007).

7 "Human Rights First: Organization Background," Human Rights First, http://www.humanrightsfirst.org/careers.

8 Patty Inglish, "How to Handle the Office Bully and Financial, Verbal, Emotional, and Physical Abuse," *ToughNickel*, April 24, 2016, https://toughnickel.com/business/Bully-and-Abuse.

9 안혜령, 『I am a Marketer: 마케터를 꿈꾸는 취업 준비생을 위한 커리어플랜 멘토링』(서울: 청년정신, 2015), 125~131쪽.

10 "Will Wonderbra Save the World?," Headline in *San Francisco Chronicle*, August 15, 1994.

11 김병희 외, 『언론사 네트워크 광고 현황 및 개선방안』(한국언론진흥재단 연구보고서, 2016).

12 이연수, "'용감한 소녀' 칸 라이언즈 그랑프리 4관왕", ≪뉴데일리≫, 2017년 6월 25일 자.

13 "Fearless Girl Sends Powerful Message," State Street Global Advisors, https://

www.ssga.com/global/en/our-insights/viewpoints/enhancing-gender-diversi
ty-on-boards-emea.html.

14 "Fearless Girl," *Wikipedia*, 2018, https://en.wikipedia.org/wiki/Fearless_Girl.

15 Ruben Kimmelman, "Gone Girl: Lower Manhattan 'Fearless Girl' Statue Is 'On
The Move'," *NPR.org*, November 28, 2018. https://www.npr.org/2018/11/28/
671546407/gone-girl-lower-manhattan-fearless-girl-statue-is-on-the-move.

16 "Publix," *Wikipedia*, 2018, https://en.wikipedia.org/wiki/Publix.

2장 판단력이 성패를 가른다

1 김기영, "일본광고, 광고인: 광고 속에 매력을 일구는 작업", ≪제일커뮤니케이
션즈≫(1999년 1월 호), 59~61쪽.

2 알 리스·잭 트라우트, 『마케팅 불변의 법칙』, 박길부 옮김(서울: 십일월출판사,
1994).

3 saYellow.com, https://www.sayellow.com/cape-times-cape-town.

4 Jan Cronje, "Cape Times ad campaign wins awards," MullenLowe South
Africa, May 20, 2013, https://thesuckerpunch.co.za/2013/05/cape-times-wins-
award.

5 Tim Nudd, "The Story of the Brilliant, Incendiary Trump Ad That Has Cannes
Buzzing: Scholz & Friends on their gold Lion winner," *Adweek*, June 21,
2017, http://www.adweek.com/creativity/the-story-of-the-brilliant-incendiary-
trump-ad-that-has-cannes-buzzing.

6 Dominic Green, "This Is What 'New Coke' Actually Looked Like In 1985,"
Business Insider, May 29, 2013, http://www.businessinsider.com/what-new-
coke-looked-like-in-1985-2013-3.

7 아서 아사 버거, 『애착의 대상: 기호학과 소비문화』, 엄창호 옮김(서울: 커뮤니
케이션북스, 2011).

8 "Cassandra," *Wikipedia*, 2018, https://en.wikipedia.org/wiki/Cassandra_
(metaphor).

9   E. J. Schultz, "Crystal Pepsi Is Poised for a Comeback," *AdAge*, June 9, 2015, http://adage.com/article/cmo-strategy/crystal-pepsi-poised-a-comeback/298 964.

10 "Accenture's Advertising Campaign," The Stevie Awards for Women in Business, http://stevieawards.com/women/accentures-advertising-campaign.

11 "About TAL Group," TAL Group, www.talgroup.net.

12 존 코터 외, 『경쟁력 있는 조직을 만드는 변화관리』, 이한나 옮김(서울: 매경출판, 2015).

13 Robert Zawacki, *Organization Development and Transformation: Managing Effective Change*(Irwin/McGraw-Hill, 1999).

3장 진심 어린 소통이 답이다

1   "Fortum Oyj," Fortum Oyj, 2018, https://www3.fortum.com.

2   김선주, 『이별에도 예의가 필요하다: 김선주 세상 이야기』(서울: 한겨레출판사, 2010).

3   Claire Ellicott, "Are you a phubber? Campaign launched to stop smartphone addicts snubbing others by checking their mobiles," *Dailymail*, August 4, 2013, http://www.dailymail.co.uk/news/article-2384397/Are-phubber-Cam paign-launched-stop-smartphone-addicts-snubbing-checking-mobiles.html.

4   Katy Steinmetzm, "Why the 'Stop Phubbing' Campaign Is Going Viral," *TIME*, August 6, 2013, http://techland.time.com/2013/08/06/why-the-stop-phubbing-campaign-is-going-viral.

5   송종현, 『모바일 미디어와 일상』(서울: 커뮤니케이션북스, 2015).

6   임석훈, "만파식적: 띠터우주(低頭族)", ≪서울경제≫, 2014년 9월 18일 자.

7   한혜란, "〈빅데이터 돋보기〉 "난 이렇게 잘 살고 있다" … '인증'하는 사회", ≪연합뉴스≫, 2015년 8월 31일 자.

8   김형준, "'굿바이 카페인 우울증' 아날로그 찾는 사람들", ≪한국일보≫, 2017년 5월 19일 자.

9   Amanda MacMillan, "Why Instagram Is the Worst Social Media for Mental Health," *TIME Health*, May 25, 2017, http://time.com/4793331/instagram-social-media-mental-health.

10   이해인, 『이해인 시전집 1』(서울: 문학사상, 2013).

11   황동규, 「즐거운 편지」, ≪현대문학≫(1958년 11월 호).

12   "Myth or Fact: How True Are These Popular 'One Vote' Statements?," I'm A Useless Info Junkie, https://theuijunkie.com/one-decisive-vote-myth.

4장 경영과 문화·예술의 만남

1   Henrik Hagtvedt and Vanessa M. Patrick, "Art Infusion: The Influence of Visual Art on the Perception and Evaluation of Consumer Products," *Journal of Marketing Research*, Vol.45, No.3(2008), pp.379~389.

2   김병희, "생산성과 품질", 『문화예술 8P 마케팅』(서울: 커뮤니케이션북스, 2015), 87~96쪽.

3   Taruka Srivastav, "Meat & Livestock Australia urged to withdraw ad featuring Ganesh amid Hindu protest," *Thedrum*, September 5, 2017, http://www.thedrum.com/news/2017/09/05/meat-livestock-australia-urged-withdraw-ad-featuring-ganesh-amid-hindu-protest.

4   "Ganesha as a meat eater? A controversial ad for lamb is offending Hindus," *Quartz India*, September 7, 2017, https://qz.com/1071446/ganesh-as-a-meat-eater-hindu-groups-are-demanding-australia-pull-a-controversial-ad-for-lamb.

5   이다운·안윤숙, "세계 최장수 기업 곤고구미(金剛組)의 성립 배경에 관한 연구", ≪경영사학≫, 제31집 3호(2016), 75~93쪽.

6   이효재·정태겸, 『더, 오래가게』(서울: 서울특별시 관광사업과, 2017).

7   서울시청 뉴미디어담당관, "명단공개! 시간이 멈춘 '오래가게' 올해 추가된 26곳", ≪내 손안에 서울≫, 2018년 9월 14일 자. http://mediahub.seoul.go.kr/archives/1180738?tr_code=snews.

8   허먼 멜빌, 『모비 딕』, 김석희 옮김(서울: 작가정신, 2011).

9 "'사랑과 영혼' 역대 영화흥행 1위 차지", ≪연합뉴스≫, 1994년 1월 12일 자.

10 米原万里(요네하라 마리), 『不實な美女か貞淑な醜女か』(東京: 新潮社, 1998).

11 구미화, "로마인 이야기 역자 김석희의 번역인생 20년: 성실한 추녀보다 불성실한 미녀를!", ≪신동아≫, 2007년 6월 호, http://shindonga.donga.com/3/all/13/106468/5.

5장 공공의 가치도 중요하다

1 Jim Watson, "The *I Heart NY More Than Ever* logomark," The design of jamesrobertwatson.com, 2001, http://www.jamesrobertwatson.com/iheartny.html.

2 김병희, "'아이서울유'를 '아이러브뉴욕'처럼", 서울브랜드추진위원회, 『서울브랜드 이야기』(서울: 서울특별시 시민소통과, 2015), 162~163쪽.

3 Gurjit Degun, "Age UK launches 'no friends' ads in response to Facebook campaign," *campaign*, April 15, 2015, https://www.campaignlive.co.uk/article/age-uk-launches-no-friends-ads-response-facebook-campaign/1342786.

4 구유나, "현대인의 슬픈 단면: 영국, '외로움' 장관 첫 임명", ≪머니투데이≫, 2018년 1월 18일 자.

5 김병희·김지혜, "호스피스·완화의료의 인지도 제고를 위한 PR전략 탐색", ≪커뮤니케이션이론≫, 제14권 1호(2018년 봄 호), 5~49쪽.

6 유나이티드 테크놀로지스 코퍼레이션, 『카피, 카피, 카피』, 신해진 옮김(서울: 한겨레, 1989)(United Technologies Corporation, *Gray Matter*, 1986).

7 김병희, "기업광고의 의제설정 과정에 관한 연구: United Technologies Corporation(UTC)의 캠페인 분석을 중심으로", ≪광고연구≫, 제50권(2001), 7~36쪽.

2018 칸 라이언즈가 말하는 창의성의 미래

1 김병희, "국제 창의성 축제 칸 라이언즈 현장 중계: 키워드는 인공지능, 블록체인, 창의성", 문화체육관광부, ≪위클리공감≫ 460호, 2018년 7월 2일 자, 37~41쪽.

참고문헌

1. 국문 및 일문서

구미화. 2007. 「로마인 이야기 역자 김석희의 번역인생 20년: 성실한 추녀보다 불성
　　　실한 미녀를!」. ≪신동아≫, 2007년 6월 호. http://shindonga.donga.com/3/
　　　all/13/106468/5.

구유나. 2018.1.18. "현대인의 슬픈 단면: 영국, '외로움' 장관 첫 임명". ≪머니투데
　　　이≫.

김기영. 1999. "일본광고, 광고인: 광고 속에 매력을 일구는 작업". ≪제일커뮤니케
　　　이션즈≫, 1999년 1월 호, 59~61쪽.

김병희. 2001. "기업광고의 의제설정 과정에 관한 연구: United Technologies
　　　Corporation(UTC)의 캠페인 분석을 중심으로". ≪광고연구≫, 제50권, 7~36쪽.

_____. 2015a. 「'아이서울유'를 '아이러브뉴욕'처럼」. 서울브랜드추진위원회. 『서울
　　　브랜드 이야기』. 서울: 서울특별시 시민소통과. 162~163쪽.

_____. 2015b. 「생산성과 품질」. 『문화예술 8P 마케팅』. 서울: 커뮤니케이션북스.
　　　87~96쪽.

_____. 2018.7.2. 「국제 창의성 축제 칸 라이언즈 현장 중계: 키워드는 인공지능, 블
　　　록체인, 창의성」. 문화체육관광부. ≪위클리공감≫, 460호, 37~41쪽.

김병희 외. 2016. 『언론사 네트워크 광고 현황 및 개선방안』. 한국언론진흥재단 연
　　　구보고서.

김병희·김지혜. 2018. 「호스피스·완화의료의 인지도 제고를 위한 PR전략 탐색」. ≪커
　　　뮤니케이션이론≫, 제14권 1호(2018년 봄 호), 5~49쪽.

김선주. 2010. 『이별에도 예의가 필요하다: 김선주 세상 이야기』. 서울: 한겨레출판사.

김형준. 2017.5.19. "'굿바이 카페인 우울증' 아날로그 찾는 사람들". ≪한국일보≫.

리스 알(Al Ries)·잭 트라우트(Jack Trout). 1994. 『마케팅 불변의 법칙』. 박길부 옮
　　　김. 서울: 십일월출판사.

멜빌, 허먼(Herman Melville). 2011. 『모비 딕』. 김석희 옮김. 서울: 작가정신.

바슐라르, 가스통(Gaston Bachelard). 2007. 『불의 정신분석』. 김병욱 옮김. 서울: 이학사.

버거, 아서 아사(Arthur Asa Berger). 2011. 『애착의 대상: 기호학과 소비문화』. 엄 창호 옮김. 서울: 커뮤니케이션북스.

서울시청 뉴미디어담당관. 2018.9.14. "명단공개! 시간이 멈춘 '오래가게' 올해 추가 된 26곳". ≪내 손안에 서울≫. http://mediahub.seoul.go.kr/archives/1180738?tr_code=snews.

송종현. 2015. 『모바일 미디어와 일상』. 서울: 커뮤니케이션북스.

안혜령. 2015. 『I am a Marketer: 마케터를 꿈꾸는 취업 준비생을 위한 커리어플랜 멘토링』. 서울: 청년정신. 125~131쪽.

≪연합뉴스≫. 1994.1.12. "'사랑과 영혼' 역대 영화흥행 1위 차지".

유나이티드 테크놀로지스 코퍼레이션. 1989. 『카피, 카피, 카피』. 신해진 옮김. 서 울: 한겨레. (United Technologies Corporation. 1986. *Gray Matter*).

이다운·안윤숙. 2016. 「세계 최장수 기업 곤고구미(金剛組)의 성립 배경에 관한 연 구」. ≪경영사학≫, 31집 3호, 75~93쪽.

이연수. 2017.6.25. "'용감한 소녀' 칸 라이언즈 그랑프리 4관왕". ≪뉴데일리≫.

이해인. 2013. 『이해인 시전집 1』. 서울: 문학사상.

이효재·정태겸. 2017. 『더, 오래가게』. 서울: 서울특별시 관광사업과.

임석훈. 2014.9.18. "만파식적: 띠터우주(低頭族)". ≪서울경제≫.

조재형. 2017. 『위험사회: 왜 대한민국의 위기는 반복되는가?』. 서울: 에이지21.

코터, 존(John Kotter) 외. 2015. 『경쟁력 있는 조직을 만드는 변화관리』. 이한나 옮 김. 서울: 매경출판.

한병철. 2012. 『피로사회』, 김태환 옮김. 서울: 문학과지성사.

한혜란. 2015.8.31. "〈빅데이터 돋보기〉 "난 이렇게 잘 살고 있다" … '인증'하는 사 회". ≪연합뉴스≫.

황동규. 1958.11. 「즐거운 편지」. ≪현대문학≫.

米原万里(요네하라 마리). 1998. 『不實な美女か貞淑な醜女か』. 東京: 新潮社.

2. 영문서

Bloomberg L. P. 2018. "Shanghai Jahwa Group Co Ltd." https://www.bloomberg.com/profiles/companies/JAHGPZ:CH-shanghai-jahwa-group-co-ltd.

Cronje, Jan. 2013.5.20. "Cape Times ad campaign wins awards." MullenLowe South Africa. https://thesuckerpunch.co.za/2013/05/cape-times-wins-award.

Degun, Gurjit. 2015.4.15. "Age UK launches 'no friends' ads in response to Facebook campaign." *campaign.* https://www.campaignlive.co.uk/article/age-uklaunches-no-friends-ads-response-facebook-campaign/1342786.

Ellicott, Claire. 2013.8.4. "Are you a phubber? Campaign launched to stop smartphone addicts snubbing others by checking their mobiles." *Dailymail.* http://www.dailymail.co.uk/news/article-2384397/Are-phubber-Campaign-launched-stop-smartphone-addicts-snubbing-checking-mobiles.html.

Fortum Oyj. 2018. "Fortum Oyj." https://www3.fortum.com.

Green, Dominic. 2013.5.29. "This Is What 'New Coke' Actually Looked Like In 1985." *Business Insider.* http://www.businessinsider.com/what-newcoke-looked-like-in-1985-2013-3.

Hagtvedt, Henrik and Vanessa M. Patrick. 2008. "Art Infusion: The Influence of Visual Art on the Perception and Evaluation of Consumer Products." *Journal of Marketing Research*, Vol.45, No.3, pp.379~389.

Human Rights First. "Human Rights First: Organization Background." http://www.humanrightsfirst.org/careers.

I'm A Useless Info Junkie. "Myth or Fact: How True Are These Popular 'One Vote' Statements?" https://theuijunkie.com/one-decisive-vote-myth.

Inglish, Patty. 2016.4.24. "How to Handle the Office Bully and Financial, Verbal, Emotional, and Physical Abuse." *ToughNickel.* https://toughnickel.com/business/Bully-and-Abuse.

Kimmelman, Ruben. 2018.11.28. "Gone Girl: Lower Manhattan 'Fearless Girl' Statue Is 'On The Move'." *NPR.org.* https://www.npr.org/2018/11/28/

671546407/gone-girl-lower-manhattan-fearless-girl-statue-is-on-the-move.

MacMillan, Amanda. 2017.5.25. "Why Instagram Is the Worst Social Media for Mental Health." *TIME Health*. http://time.com/4793331/instagram-social-media-mental-health.

Nudd, Tim. 2017.7.21. "The Story of the Brilliant, Incendiary Trump Ad That Has Cannes Buzzing: Scholz & Friends on their gold Lion winner." *Adweek*. http://www.adweek.com/creativity/the-story-of-the-brilliant-incendiary-trump-ad-that-has-cannes-buzzing.

Quartz India. 2017.9.7. "Ganesha as a meat eater? A controversial ad for lamb is offending Hindus." https://qz.com/1071446/ganesh-as-a-meateater-hindu-groups-are-demanding-australia-pull-a-controversial-ad-for-lamb.

San Francisco Chronicle. 1994.8.15. "Will Wonderbra Save the World?", Headline.

saYellow.com. https://www.sayellow.com/cape-times-cape-town.

Schultz, E. J. 2015.6.9. "Crystal Pepsi Is Poised for a Comeback." *AdAge*. http://adage.com/article/cmo-strategy/crystal-pepsi-poised-a-comeback/298964.

Srivastav, Taruka. 2017.9.5. "Meat & Livestock Australia urged to withdraw ad featuring Ganesh amid Hindu protest." *Thedrum*. http://www.thedrum.com/news/2017/09/05/meat-livestock-australia-urged-withdraw-ad-featuring-ganesh-amid-hindu-protest.

State Street Global Advisors. "Fearless Girl Sends Powerful Message." https://www.ssga.com/global/en/our-insights/viewpoints/enhancing-gender-diversity-on-boards-emea.html.

Steinmetzm, Katy. 2013.8.6. "Why the 'Stop Phubbing' Campaign Is Going Viral." *TIME*. http://techland.time.com/2013/08/06/why-the-stop-phubbingcampaign-is-going-viral.

TAL Group. "About TAL Group." www.talgroup.net.

The Stevie Awards for Women in Business. "Accenture's Advertising Campaign." http://stevieawards.com/women/accentures-advertising-campaign.

Transparency International. 2017.2.21. "CORRUPTION PERCEPTIONS INDEX 2017." https://www.transparency.org/news/feature/corruption_perceptions_index_2017#table.

Watson, Jim. 2001. "The I Heart NY More Than Ever logomark." The design of jamesrobertwatson.com. http://www.jamesrobertwatson.com/iheartny.html.

Wikipedia. 2018. "Cassandra." https://en.wikipedia.org/wiki/Cassandra_(metaphor).

_____. 2018. "Fearless Girl." https://en.wikipedia.org/wiki/Fearless_Girl.

_____. 2018. "Publix." https://en.wikipedia.org/wiki/Publix.

_____. 2018. "Zippo." https://en.wikipedia.org/wiki/Zippo.

Zawacki, Robert. 1999. *Organization Development and Transformation: Managing Effective Change*. Irwin/McGraw-Hill.

지은이

김병희

현재 서원대학교 광고홍보학과 교수다. 서울대학교 국어국문학과를 졸업하고 연세대학교 석사를 거쳐 한양대학교 광고홍보학과에서 광고학 박사 학위를 받았다. 미국 일리노이대학교 광고학과 교환교수, 한국PR학회 제15대 회장으로 활동했으며, 한국광고학회 제24대 회장으로 선출되었다. 현재 문화체육관광부를 비롯한 여러 정부 기관의 광고PR 정책 자문을 하고 있다. 저서로『광고로 보는 미디어 테크놀로지의 소비문화사』,『광고로 보는 근대문화사』외 40여 권이 있으며,「Level of Creativity and Attitudes towards an Advertisement」,「정부광고와 공공광고의 효과 측정」외 100여 편의 논문을 발표했다. 광고 창의성 평가 척도와 이론 개발에 기여한 공로로 한국갤럽학술상 대상(2011), 제1회 제일기획학술상 저술부문 대상(2012), 한국광고PR실학회 MIT(Most Interesting Topic) 논문상(2015), 교육부·한국연구재단 연구성과 확산 우수 연구자 50인(2017), 한국광고PR실학회 최우수 논문상(2018) 등을 수상했다. kimthomas@hanmail.net

광고로 배우는 경영 통찰력
ⓒ 김병희, 2019

지은이 **김병희** ǀ 펴낸이 **김종수** ǀ 펴낸곳 **한울엠플러스(주)**
편집책임 **최진희** ǀ 편집 **조일현**

초판 1쇄 인쇄 **2019년 3월 22일** ǀ 초판 1쇄 발행 **2019년 3월 29일**

주소 **10881 경기도 파주시 광인사길 153 한울시소빌딩 3층**
전화 **031-955-0655** ǀ 팩스 **031-955-0656**
홈페이지 **www.hanulmplus.kr** ǀ 등록번호 **제406-2015-000143호**

Printed in Korea.
ISBN 978-89-460-6619-9 03320 (양장)
       978-89-460-6620-5 03320 (반양장)

※ 책값은 겉표지에 표시되어 있습니다.